ストーリーでわかる
営業損害算定の実務

新人弁護士、会計数値に挑む

弁護士・公認会計士　横張　清威 著
KIYOTAKE YOKOHARI
弁護士・公認会計士　伊勢田 篤史 著
ATSUSHI ISEDA

日本加除出版株式会社

はしがき

営業損害とは、相手方の責に帰すべき事由により事業者が営業停止等となった場合に、営業停止等にならなければ得られるはずであった逸失利益と、本書では捉えています。

会社が全社的に営業停止となった場合にも営業損害の問題となりますが、全社的ではなく1部門が停止した場合にも営業損害の問題となります。また、1部門の営業停止ではなく、単に契約の1つが解除された場合であっても、将来その契約が解除されなかったときに得られたはずという逸失利益の問題として、営業損害の問題となりえます。さらに、債務不履行のみならず不法行為による損害賠償にも、交通事故による事業者の休業損害等として、営業損害の問題が生じることがあります。

このように、営業損害の算定という問題は、損害賠償理論において頻出する極めて重要な問題であるにもかかわらず、これまで十分に検討されて来なかったと考えています。

本書は、営業損害の算定方法という、法律と会計が交錯する分野について、弁護士と公認会計士の視点から1つの考え方と具体的な主張・反証の方法を提案するものです。本書を契機に、我が国における営業損害に関する検討が深まることを期待しています。

本書では、「ストーリー」で新人弁護士の太郎が事件に取り組む中で会計の基本を学び、会計数値を用いて営業損害の主張・反証を行っていきます。この「ストーリー」を追っていくだけでも、内容証明から裁判、判決に至るまでの過程で会計数値をどのように用いるか、理解していただけるものと思います。さらに、場面に沿った「解説」として、実務上の留意点や会計についての詳しい説明を掲載しました。

なお、「ストーリー」「解説」では会計の専門用語や学説への言及は限定的にしましたが、巻末の「補講」では営業損害に関する会計的なトピックスにつき、詳細な説明を行いました。内容的にある程度高度なものとなっているため、必要に応じて該当項目を参考にしていただければと思います。

最後に、細部にわたり本書の校正を行ってもらいました当事務所の吉武理沙さん、日本加除出版株式会社の岩尾奈津子さんに感謝の意を表し、本書のはしがきと代えさせていただきます。

平成28年10月

弁護士・公認会計士　横張　清威
弁護士・公認会計士　伊勢田篤史

目　次

第1話　会社全体の営業停止

Scene 1　4億円の内容証明　3

1　内容証明郵便　13
2　通知書　13
(1)　作成者側の注意点　13
(2)　受領者側の注意点　15
3　売上原価　15
コラム　会計略語　17

Scene 2　限界利益　18

1　限界利益　27
2　限界利益が原則として営業損害となる理由　29
(1)　損益相殺　29
(2)　変動費と固定費　30

Scene 3　判例　32

1　判例に見る営業損害算定　41
(1)　限界利益率に着目した事例　41
(2)　限界利益率によらなかった事例　43
2　知的財産権の侵害における利益　45
(1)　学説　46
(2)　判例　47
(3)　営業損害との関係　50

Scene 4　回答書　51

1　証拠の偏在　58
2　回答書　59
(1)　作成者側の注意点　59
(2)　受領者側の注意点　61

Scene 5　訴状　62

1　訴状　68

(1)　作成者側の注意点　68

(2)　受領者側の注意点　69

2　勘定科目　71

Scene 6　答弁書　77

1　非上場会社の決算書　86

2　決算書類の種類　87

コラム　公認会計士の試験制度　89

Scene 7　決算書の開示請求　90

1　答弁書　100

(1)　作成者側の注意点　100

(2)　受領者側の注意点　101

2　法廷での対応　102

3　決算整理仕訳　103

コラム　年度と期の違い　104

Scene 8　固変分解　105

1　固変分解　116

2　製造業の売上原価　116

コラム　日商簿記　117

Scene 9　求釈明　119

1　求釈明　126

(1)　賠償請求を受けている側の注意点　126

(2)　賠償請求している側の注意点　127

2　公認会計士の意見書　128

コラム　Excel　129

Scene 10　裁判官の交代　130

1　裁判官の訴訟指揮　135

2　具体的な原資料による固変分解　135

コラム　裁判官の交代　137

Scene 11　尋問　138

1　尋問当事者の選定　146

2　尋問での注意点　146

Scene 12　判決　148

1　仕訳日記帳　151

2　和解対応　151

Scene 13　祝勝会　153

1　法人税の扱い　156

第２話　１プロジェクトの営業停止

Scene 1　固定費と損害額　161

1　固定費と営業損害の関係　167

2　固定費が限界利益を上回る場合　169

Scene 2　経費配分　170

1　売上原価が存在しない場合　180

2　プロジェクトの営業停止　180

Scene 3　訴訟　182

1　プロジェクト損益における当事者間の対応　186

(1)　賠償請求を行う側の注意点　186

(2)　賠償請求を受ける側の注意点　186

2　営業損害の時的範囲　187

3　相手方の弁護士が会計に疎い場合　187

補講

第１　決算書ができる過程　191

1　決算書とは何か？　191

(1)　決算書の種類　191

ア　会社法上要求される決算書（計算書類）　191

(ア)　株式会社　191

⑷　持分会社　192
⑸　罰則　192
イ　金融商品取引法上要求される決算書（財務諸表）　192
2　決算書の背景にある会計処理について　193
(1)　会社法上の規定　193
ア　株式会社　193
イ　持分会社　193
(2)　金融商品取引法上の規定　194
(3)　小括　194
3　決算書の作成の流れ　194
(1)　決算書作成の全体的な流れ　194
(2)　取引について　195
(3)　仕訳について　195
ア　仕訳の前提となる複式簿記について　195
イ　仕訳とは　196
(4)　会計帳簿　196
ア　主要簿　197
イ　補助簿　199
ウ　実務のポイント　200
(5)　決算手続　200
ア　総勘定元帳の締め　201
イ　決算整理前残高試算表の作成　201
ウ　決算整理手続　202
エ　決算整理後残高試算表　204
オ　決算書の作成　204
4　会計システムの導入が決算実務に与えた影響　204
第2　固変分解の手法　207
1　利益算定のための原価態様　207
2　固変分解の方法　208
(1)　工学的研究に基づく方法（IE 法）　208
(2)　過去の実績等のデータに基づく方法　209
ア　総論　209
イ　各手法における相互関係　209
ウ　会計的手法（費目別精査法）　210
エ　統計的手法　212
⑺　高低点法　213
⑷　散布図表法　214

(ウ) 最小二乗法 216
第3 監査人の監査手法 220
1 会計監査とは 220
(1) 会計監査の仕組み 220
(2) 監査要点とは 221
ア 実在性 221
イ 網羅性 221
ウ 期間配分の適切性 221
2 各勘定科目で共通する監査手続 222
(1) はじめに 222
(2) 分析的手続 222
(3) 証憑突合 223
(4) 質問（インタビュー） 223
(5) 小括 223
3 各科目において実施される監査手続 224
(1) 売上高・売上原価 224
ア 分析的手続 224
(ア) 売上高について 224
(イ) 売上原価について 226
(ウ) 小括 227
イ 証憑突合 227
(ア) 実在性における証憑突合 228
(イ) 網羅性における証憑突合 229
(ウ) 期間配分の適切性における証憑突合（カットオフ手続） 229
(2) 販売費および一般管理費 229
ア 人件費 230
(ア) 分析的手続 230
(イ) 証憑突合 232
(ウ) 小括 233
イ 減価償却費 233
(ア) 分析的手続 233
(イ) 再計算 233
ウ 期間配分の適切性における証憑突合（カットオフ手続） 234
(3) 現預金 234
(4) 売掛金 234
ア 分析的手続 234
イ 残高確認 236

(5) 棚卸資産　237
ア　分析的手続　237
イ　実地棚卸（立ち会い）　238
(6) 買掛金　239
ア　分析的手続　239
イ　残高確認　240
(7) 借入金　241

第4　共通費等の配賦について　242

1　企業における共通費配賦　242
(1) 各部門における共通費配賦　243
(2) 各プロジェクトにおける共通費配賦　243
2　企業間の損害賠償請求における共通費配賦の役割　244
3　各プロジェクトへの売上・経費配賦　245
(1) 売上の配賦計算　245
(2) 経費の配賦計算　246
ア　売上高基準・売上総利益基準　246
イ　資産残高基準　248
ウ　従業員数基準　250
エ　人件費基準　251
オ　使用実績基準　252
4　各部門における共通費配賦　253
(1) 本社共通費とは　253
ア　管理費用　254
イ　業務代行費用　254
ウ　共通費用　254
(2) 配賦基準　254
ア　売上高基準・売上総利益基準　254
イ　資産残高基準　255
ウ　従業員数基準　256
エ　人件費基準　256
オ　使用実績基準　257
カ　小括　257
5　会計システムとの連動性　257

事項索引　259
著者紹介　263
参考文献　264

主な登場人物

遠出　太郎（とおで・たろう）
主人公。弁護士 2 年目、29 歳。飯嶋法律事務所にて勤務。

飯嶋　啓介（いいじま・けいすけ）
飯嶋法律事務所のボス弁。50 歳。

西野　彩（にしの・あや）
太郎の幼なじみ。公認会計士として大手監査法人に 7 年間勤務。

この物語はフィクションです。登場する人物・団体・名称等は架空であり、
実在のものとはいっさい関係ありません。

第1話

会社全体の営業停止

会計知識が全くない新人弁護士の太郎のもとに、
営業損害に関する事件の依頼が。
見慣れない会計資料と格闘するうちに、
営業損害に対する解決の糸口を見つけていきます。

Scene 1

4億円の内容証明

遠出太郎は、飯嶋法律事務所で勤務する２年目のイソ弁*。今年29歳になる。右も左も分からなかった弁護士１年目をどうにか乗り越え、弁護士としての自覚と自信が高まっていくのを日々実感していた。

太郎は知り合いの紹介を通じて、飯嶋法律事務所に入所した。飯嶋法律事務所のボス弁は、今年50歳になる飯嶋先生。太郎が入所する前まで、飯嶋先生の下に中堅のイソ弁がいたのだが、太郎と入れ替わりで退所してしまった。現在、飯嶋法律事務所のメンバーは、飯嶋先生と太郎、そして秘書１人の合計３人である。弁護士２年目になった頃から、太郎が初回相談を単独で行うことが多くなっていた。

＊居候弁護士の意味。給料を受け取って事務所の仕事をしている弁護士。

「とんでもない請求ですよ！　先生！！」

会議室の外まで声が響き渡る。声を荒げているのは顧問先マルマエ食料の社長、奥野だ。マルマエ食料は食品の卸を営む社員十数名の中小企業。卸業者として、仕入れた様々な種類の食料品を小売店に販売することで利益をあげている。近年のスーパーマーケットの値下げ要求の影響により、利幅が薄くなりつつあった。

「まあまあ、社長。どうしたのです。」

父親と同世代の社長をなだめながら、太郎は何が起きたのか把握しようと努めていた。小さな会議室に社長と太郎が机をはさんで座っていた。社長は昨日こんな書面が届いたと言いながら、おもむろにカバンから１通の封筒を取り出した。

通知書

平成○年○月○日

マルマエ食料株式会社　御中

通知人　高城販売株式会社

代理人弁護士　○○○○

……

以上の貴社の責に帰すべき事由により、通知人は平成28年3月1日から同月14日に至るまで、2週間にもわたり全店舗の業務を全面停止することを余儀なくされました。このことにより、通知人は2週間分の売上高（少なく見積もっても4億円）を得ることができませんでした。

つきましては、通知人は貴社に対し、本通知到達後1週間以内に金4億円を以下の口座に振り込みますよう請求します。

……

書面に目を通した太郎の背中に冷や汗が流れ落ちた。

4億円の賠償請求。数百万円ならいざ知らず、億単位となれば一撃で中小企業の生命線は絶たれることになる。マルマエ食料としても4億円の賠償金を支払うことになれば、倒産は免れないだろう。普段は落ち着いている社長がヒステリックになっているのもうなずける。

もう1つ頭をよぎったことがある。4億円の売上高を請求されているが、果たして賠償の対象は売上高でよいのかという点だ。これは会社の会計数値にかかわる問題だ。太郎が高校、大学を経て司法試験に合格するまでの間、会計に携わることはこれといってなかった。そのため、会計に関する知識は皆無といってもよい状態だ。しかも金額が金額である以上、確信が持てない回答を行うことは厳に慎まなければならなかった。

ことの始まりは昨晩、マルマエ食料の社長から入った電話だった。緊急を要することなので明日すぐに相談がしたいと。翌日は運の悪いことに、飯嶋先生が終日地方出張。そのことを伝えたのだが、太郎一人でも構わないのですぐに相談に行きたいと告げられ、本日の相談の場が設けられたのである。

こんな重要案件だと知っていれば一人で相談対応などしなかったのに、と昨日の電話で事案の概要を聞かなかった自分の対応のまずさにうんざりした。

そんな内心を表情に出さないように努め、気を取り直して事案の整理に入った。

「これは弁護士からの内容証明ですね。この書面には、貴社の責に帰すべき事由との記載がありますが、実際にはどのような事情があったのでしょうか。」

本件の争点は２つある。１つはマルマエ食料にミスがあるのかという点だ。もう１つはミスがあるとして、賠償額として４億円が妥当なのかという点だ。会計論に入り込みそうな賠償額４億円の点については、現時点ではできる限り踏み込みたくないと考えていた。

賠償請求を受けることになった経緯が、30分間にわたり社長からなされた。話の要点を簡潔にまとめると、こういうことだ。

マルマエ食料は高城販売に食料品を納入していた。高城販売ではマルマエ食料から納品された食品を一般消費者に販売していた。ところが、マルマエ食料が納品した要冷蔵食品の多くに腐敗が認められ、保健所の立入検査などにより全店舗の営業が停止したのである。この腐敗問題はマスコミで大々的に取り上げられたこともあり、高城販売は事実関係が判明し、問題が解消されるまで店舗運営を停止するという決断をせざるを得なかった。

当然、腐敗していた食品の仕入代金は、高城販売に請求できない。営業停止を行っていた期間は２週間におよび、その間の逸失利益が今回請求されている４億円だ。

「どうして腐敗が生じたのですか。」

太郎が尋ねたところ、マルマエ食料の新入社員が夜勤単独勤務の際に、冷蔵設備のブレーカーを誤って落としていたことにより腐敗が生じたとのことであった。

「それは、御社では発見できなかったのですか。」

「ええ。当社の製品は開封しなければ腐っているかは分からないものばかりですので。」

社長の話を聞くかぎり、マルマエ食料のミスであることは間違いないようだ。社長もそのことを自認しているふしがある。ただ高城販売にもミスがあれば、過失相殺の余地がある。

「高城販売側にも落ち度はないのですか。たとえば、腐敗の原因の一端が高城販売にあるということは考えられないのでしょうか。」

社長はしばらく思案した後、輸送過程や高城販売での保管状況に問題があったという報告がない以上、今回の事態が起きたことはうちの新入社員が原因だろうと述べた。どうやら、今回の争点は損害賠償額の１点に絞られそうだ。争点が減ることは弁護士の負担が軽減するという観点からは好ましい。だが、太郎は話題が４億円の妥当性に移ることを危惧していた。社長の信頼を損なわずこの場を切り抜ける方法について、頭をフル回転させていた。

「私どもも今回の件については、落ち度があったとは思いますよ。けれどもね、先生。４億というのはあまりに法外じゃないですか。おかしくないですか。」

「そうですよね。あまりに高すぎですよ。」

間髪入れず太郎は相槌を打った。今まで携わった法律相談において、依頼者の考えにまず共感することが大切だと、身をもって知っていたからである。とはいえ、どういう理論で高すぎという結論を導くべきだろうか。いい加減なことを言ってはいけないというプレッシャーを感じつつも、この場をうまく切り抜ける方法がないかと思案していた。考えたあげくたどり着いた結論は、この場では売上高という点に触れないでおき、損害額の妥当性については後で飯嶋先生と検討を行おうというものだった。太郎が口を開こうとしたその時、社長が続けざまに質問した。

「先方は損害賠償として４億円の売上高を請求してきていますが、売上高ってそのまま損害になるのですか。」

太郎の顔が一瞬引きつった。太郎が疑問に思っていた点は、まさにそこである。そして、この点については触れたくなかったのに。

「そうですよね。売上高がそのまま損害になるのかという点については、検討しなければいけませんね。」

太郎は冷静を装ってもっともらしい回答をした。社長の表情ににわかに落胆の色が浮かびあがり、太郎が弁護士になってから幾度となく耳にした言葉を聞かされることになった。

「やっぱり、大先生に聞いた方がいいですかね。」

ゲームオーバー。またしても依頼者の信頼を得られなかった。

◉

どんよりした気分で事務所に戻った太郎は、いつになったら一人前の弁護士として依頼者に信頼される日が来るのかな、と軽くため息をついた。なんとか気を取り直して、今回の相談の内容を整理することにした。

先方の主張は損害賠償請求。その根拠は契約の債務不履行だろう。そこまで考えたところで、太郎はマルマエ食料と高城販売との間の契約書を見せてもらっていないことに気がついた。契約書の確認は基本中の基本だというのに。相談の最中は「売上高が損害でよいのか」という疑問が頭を占めて、契約書に思い至らなかった。とはいえ、後日の相談の際に見せてもらえばいいやと考え直した。落ち込んでも立ち直りが早いのが太郎の長所だ。

マルマエ食料のミスは確実だろう、そうするとやはり争点は損害額に集約される。こういった場合、売上高が損害になるのだろうか。確かに、高城販売は２週間分の売上高相当の金銭を得ることができなかったのだが……。

考えてもらちが明かないので、事務所の書庫に行き、損害賠償に関する文献をいくつか当たってみた。しかし、今回の問題に整合する損害額についての記載は見当たらなかった。手がかりになる判例がないかとネットの判例検索システムで「売上高」と検索したものの、はじき出された判例数は実に6000超。そのうちの2、３個の判例に目を通して、この方法ではダメだと悟った。どうすればいいんだと太郎は思案した。

飯嶋法律事務所では、分からないことに直面しても可能な限り調べた後でなければ飯嶋先生に質問してはいけないというルールがある。これは、自分で物事を調べて解決するという能力が弁護士にとって極めて重要だという飯嶋先生のポリシーに基づく。それは確かにそうなのだが……。太郎は途方に暮れていた。しかし、終日出張の飯嶋先生が事務所に戻るのは明日朝だ。それまでに自分なりに結論を出しておきたいと、何か手がないか椅子の背に寄りかかりながら思案していた。

そのとき、幼なじみの西野彩のことが頭をよぎった。西野は同じ小学校に通っていた同級生だ。別の中学・高校に入学したため離ればなれになったものの、同じ大学を卒業していたことをつい最近知った。太郎は法学部、西野は経営学部だったため、大学時代に西野が同じ大学にいるとは知らなかった。つい先日開かれた大学主催のOB会で西野から声をかけられたのだ。西野は大学３年次に公認会計士試験に受かり、大手監査法人で働いているとのことだった。太郎も弁護士として働いていることを告げ、お互い連絡先を交換しつつ昔話に花が咲いたのだった。

「何かあったら連絡してね。」と言って別れたことを思い出し、早速西野に「会計にかかわることで質問があるのだけれども電話してもいい？」とメールを送った。

５分ほど経った後、太郎の携帯に西野から電話がかかってきた。
「質問って何？」
西野はもったいぶった前振りなどはせず、単刀直入に本題に入った。小学校時代にも利発な印象を受けていたが、OB会で出会った西野からはより一層切れの良さがうかがえた。そもそも大学３年次に会計士試験に受かるのだから、頭が切れるのだろう。太郎がかいつまんで問題点を告げたところ、
「私は損害賠償のことはよく分からないけれども、売上ってことはないんじゃない。卸業だから売原はあるんでしょ。」
「ウリゲン？」
太郎はとっさに聞き返した。
「ああ、ごめんごめん。売上原価はあるんでしょ。」
ウリアゲゲンカ。どこかで聞いたことがあるような言葉だが原価の一種だろうか。太郎が沈黙していることをけげんに思ったのか、少し低い声で西野が尋ねた。
「もしかして、売上原価ってよく分からない？」
太郎のプライドが「そんなの分かるよ」と言いたがっていたが、ここで見栄を張ってしまうと問題の解決には行き着かない。太郎は恥を忍んで、
「ごめん。会計のことは全然分からないんだ。１から教えてくれないかな。」
と頼み込んだ。
少し考えるような間があった後、
「それじゃあ直接会って説明した方がよさそうだから、この後会えない？20時頃なら大丈夫だから。」
と告げられた。

◉

西野の勤務地は丸の内。午後８時に丸の内近辺の気軽なイタリアンの店で会うことになった。ひととおり注文を終えると西野はこう切り出した。

「太郎君、本当に売上原価って聞いたことないの。」

「ある程度は知ってるさ。原価みたいなものでしょ。」

太郎はここに来る前にネットで「売上原価」を検索して、商品を作る際にかかった原価であることがわかっていた。西野は大きな眼でジッと太郎を見つめている。自分がネット検索をしたことがばれたようで居心地が悪かった。

「そう。原価のようなものなんだ。売上原価は、『仕入れて売る』業態だと商品の仕入額になるの。製造業の場合には商品を買って仕入れるわけじゃないから違うんだけれども、今回問題になっているのは卸業だよね。だから、仕入額のみが売上原価になるの。さっき太郎君は売上高４億円って言っていたよね。」

西野はテーブルの上に置いてあった紙ナプキンを広げ、そこにボールペンで図を書き始めた。

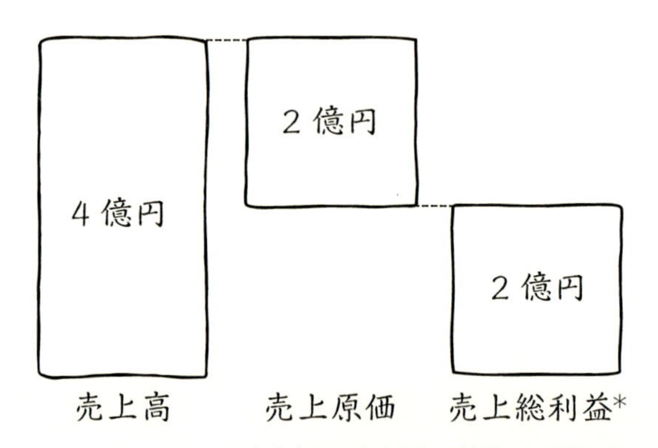

＊売上高から売上原価を控除した利益。粗利とも呼ばれる。

「仮に売上原価が２億円だったとするね。そうだとすると、利益は２億円になるよね。」

当たり前の話だ。ここまで丁寧に説明されると少し腹立たしい。ただ、「売上総利益」という見慣れない用語が書いてあることは気になった。

「ということは、利益の２億円が損害になるってこと？」

「そうとも言えないんだけれども、少なくとも売原は控除するよね。」

と当然のように西野が言う。

太郎はちょっと混乱した。会社の手元に残るはずのお金が利益の２億円だとすると、これが損害のようにも考えられる。ただ、売上の４億円が入らない場合、売上原価はどうなってしまうのだろう。太郎は率直に教えを請うと心に決めた。

「４億円の売上が入らない期間の売上原価はどうなっちゃうの？」

西野はやっぱり分かっていなかったという表情を作り、説明を続けた。

「いい？　太郎君。ここにカットされたトマトサラダがあるよね。これを仮に 1000 円としようか。」

西野は目の前に置かれたトマトサラダを太郎の方に突き出しながら説明を続けた。

「この原価はいくらでしょうか？」

「んー。200 円くらいかな。」

太郎は直感で答えた。

「そうだね。いい線行ってるけれども、このお店はいい材料を使ってると思うから 30％、300 円としようか。ということは、私がこのトマトを注文することで、お店の利益は 700 円になるよね。」

太郎は無言で２回ほどうなずく。

「じゃあ、仮に私が今日トマトを頼まなかったとしたらどうなるかな。」

「まず、1000 円はお店に入って来ないよね。」

西野がうなずく。

「材料は……使わないことになるから、明日使えばいいのか。」

「そう。材料費等の原価は節約できるよね。」

西野はナプキンの裏に数字を書き出した。

$$
\begin{array}{r}
-1{,}000\text{円} \\
+300\text{円} \\
\hline
-700\text{円}
\end{array}
$$

「お店は1000円の収入を得ることができなかったけれども、300円の材料費等を節約できた。だから、お店の損は700円になる。こうだよね？」

言われてみれば当然のことだ。太郎は何度もうなずいた。

太郎はナプキンを裏返して、さっき西野が書いた売上4億円の面を机に開いた。

「会社は売上の4億円を入手できなかったけれども、原価2億円は節約できている。だから損害は2億円ということになるんだ。」

と、自分なりの理解を示した。

「よくできました～」

笑顔で西野はそう言って、目の前のトマトをほおばり始めた。

太郎は苦笑いしながらその様子を見ていたが、内心ざわめき立っていた。そうだよ、腐敗していた商品の仕入代金は、高城販売に請求していないんだ。高城販売が通常どおり販売できていたとしても、売上を上げるための仕入代金は支払わなければならない。そして、営業停止の期間は、仕入代金を支払っていないことになる。そうだとすると、売上高ベースで損害賠償請求していたあの内容証明はとんだ食わせ物で、実際にはかなり減額できるのではないか。

……Scene 2「限界利益」（18頁）へ続く。

解　説

1 ■ 内容証明郵便

ストーリーでは、高城販売の弁護士から内容証明郵便で通知書が送られてきている。このように、営業損害[1]の賠償請求等を行う場合であっても、突然訴訟を起こすことは稀であり、訴訟前に交渉することが可能か否かを打診するために、通知書などの書面を送ることが一般的である。この場合に、必ずしも内容証明郵便で送付しなければならないという決まりはない。

内容証明郵便は、郵便局に謄本が保管されるため、どのような内容の文書を相手に送ったのかという点を後日立証できるという特徴がある。また、損害賠償請求を行う強い意思を示すために、あえて内容証明郵便を用いることもある。その他、消滅時効期間の経過が迫っている場合等は、時効中断等の事実を後日証明できるよう、内容証明郵便を用いるべきであろう。

なお、多数の弁護士の名前と捺印を羅列した内容証明郵便により、相手方に心理的な圧力をかけるという手法も以前は行われていたが、現在ではこのような内容証明郵便を見ることはあまりない。むしろ、電子内容証明郵便を用いる弁護士が増えている状況にある（電子内容証明郵便には捺印することはできない。）。

2 ■ 通知書

⑴　作成者側の注意点

＞ロジック

ストーリーでは、相手方の弁護士が売上高ベースで営業損害の請求を行っている。このような無理があるロジックにより訴訟前に請求を行うケースも散見されるものの、訴訟に至った際に裁判官が受ける印象としてよいものと

[1] 本書では、相手方の責に帰すべき事由により事業者が営業停止等となった場合に、営業停止等にならなければ得られるはずであった逸失利益を営業損害とよんでいる。

は思えない。そのため、たとえ訴訟前といえども、論理的に成り立ち得る主張に留めるべきと考える。また、論理的に成り立ち得ても、後日主張を転じた際に矛盾するようでは、訴訟進行に支障を来たしかねない。営業損害の主張を行う際には、将来訴訟に発展することも見越して、訴訟前の段階でもロジックに問題がないか十分検討を行うべきである。

＞根拠資料

営業損害では、通知書の内容として会計上の数字を引用する必要があることが多い。ところが、通知書を送付した後に会社の会計上の数値が誤っていたと判明することもある。納税申告書に添付されている決算書などは変動するおそれは低いが、会社内部資料である月次損益計算書やセグメント損益計算書等は、後日様々な理由により修正する必要が生じることもある。このような事態が生じ、事後的に会計上の数値を変更させることになると、決算書の信憑性自体が疑われることになりかねない。そのため、会計上の数字を引用する際には、その数字が誤っていないか、後日変更するおそれがないかという点につき、細心の注意を払う必要がある。

また、賠償請求を行う通知書に、決算書等の根拠資料を添付すべきか判断に迷うことも考えられる。この点、不用意に反論の材料を与えてしまうおそれがあることや、相手方から開示請求されないことも考え得ることから、相手方の対応を見てから資料の開示を検討する方がよいことが多い。そのため、請求額を検討する際に根拠資料の精査を行うものの、通常はその根拠資料の添付までは不要と考える。

なお、内容証明郵便には、文字数等の形式制限があり、決算書等を同封することができない。内容証明郵便の他に決算書等を送付する場合は、配達証明付郵便などにより、別便で送ることになる。

＞作成者

営業損害額が多額であり、将来的に訴訟を予定している場合には、初期段階から弁護士に依頼して内容証明郵便を送付することになろう。この場合には、弁護士が注意深く作成するだろうから、企業は特段書面作成に気を遣う必要はない。

一方で、営業損害額が少額であるか、まだ将来的に訴訟を行うかどうかが分からない場合には、弁護士に依頼せずに企業の担当者自ら通知書を作成することも考えられる。この場合には、将来的に不利な状況に陥らないよう、書面の内容に余計な情報や過誤等の情報を含まないよう十分配慮すべきである。

⑵　受領者側の注意点

損害賠償請求を行う旨の通知書が内容証明郵便で届いたとしても、記載内容どおりの損害賠償請求が裁判で認められるか否かは不明であり、必ず訴訟提起されるわけでもない。そのため、このような通知書を受け取ったとしても慌てて相手方に連絡を行い、不利な内容の賠償合意などを締結することがないよう、注意すべきである。

賠償請求額が少額である場合や、請求者が弁護士を選任していない場合等では、弁護士に相談することなく企業の担当者で対応することも考えられる。しかし、賠償請求額が多額であるか、相手方が弁護士を代理人として通知書を送付している場合には、速やかに当該分野に長けた弁護士に相談すべきである。誤った初動対応により、不利な形勢が作り出されると、最終的な結論にも悪影響を及ぼすおそれが高いからである。なお、回答書作成上の注意点については後述する（59頁参照）。

3 ▪ 売上原価

売上原価とは、企業の事業目的である商品及び製品の売上高、役務を提供したことに伴う役務収益に対応する原価である。

売上原価を１つの勘定科目として損益計算書に記載する場合には、以下のように記載する。この場合、売上高の金額から売上原価の金額を差し引いた金額が、売上総利益となる。

科目	金額
売上高	1,000
売上原価	300
売上総利益	700

一方で、損益計算書に売上原価の計算過程を記載する場合もある。売上原価は、売上高に寄与した原価であり、当期に売れ残った在庫品等は控除されるべきである。以下の記載方法では、期首に存在した在庫と当期に仕入れた在庫の合計額から、売れ残った期末の在庫金額を控除して売上原価を求めている。

科目	金額
売上高	1,000
期首商品棚卸高	100
当期商品仕入高	400
期末商品棚卸高	200
売上原価	300
売上総利益	700

ストーリーでは、物品販売業（卸売・小売）を扱っていたため、販売された商品の仕入原価が売上原価となっていた。なお、売上原価は、業種によっては必ずしも販売された商品の原価を意味するわけではない。たとえば、サービス業では、仕入に該当する要素が存在しないことがあり（在庫が存在しない）、この場合に売上原価をゼロと表示することもある（180頁参照）。また、製造業では、商品を購入して仕入れるわけではなく製品を自ら作り出すため、製品を作り出すために要した、材料費、人件費、経費等の合計額が売上原価（製造原価）となる。

物品販売業では、売上原価が商品の原価であるため、売上高が増減すれば売上原価が増減する変動費の性質を有する。そのため、売上高を得ることができないという営業損害が発生した場合には、売上原価も不要になるという関係にある。そこで、ストーリーでは、少なくとも営業損害を算定する際には売上原価を控除すべきという結論に至っている。

一方で、製造業の場合では、売上原価に材料費、人件費、経費等の要素が含まれており、これらは必ずしも全て変動費としての性質を有しているわけではない。この場合には、売上原価のうち、いずれの原価が変動費であるか別途検討を要する（116頁参照）。このように、売上原価であれば、全て無条件に変動費になるというわけではないことには注意が必要となる。

会計略語

会計の分野ではしばしば英語表記の略語が用いられる。PL や BS 等が有名だが、それ以外の略語についてもある程度知っておくと役に立つ。

BS	「貸借対照表」の意味。 “Balance Sheet”の略語。
CF	「キャッシュ・フロー計算書」又は「キャッシュ・フロー」の意味。 “Cash Flow（Statement)”の略語。
CPA	「公認会計士」の意味。 “Certified Public Accountant”の略語。
CR	「製造原価報告書」の意味。 “Cost Report”の略語。
FS	「財務諸表」の意味。 “Financial Statement”の略語。
FY	「会計年度」の意味。 “Fiscal Year”の略語。
PL	「損益計算書」の意味。 “Profit and Loss Statement”の略語。
SS	「株主資本等変動計算書」の意味。 “Statements of Shareholders' Equity”の略語。
TB	「残高試算表」の意味。 “Trial Balance”の略語。

Scene 2

限界利益

気になっていた問題に解決の糸口を見出したことから、太郎はだいぶ気持ちに余裕が出ていた。小学校時代の友人の話や、地元の変わりようなどについて語り合い、かなり盛り上がった。リーズナブルなイタリアンであるものの、ワインやパスタなどは思いのほか美味しかった。西野の職場が近いため、行きつけの店なのだろう。

太郎が腕時計に目をやると、午後10時30分を回ったところだった。

「結構いい時間だから、そろそろ帰ろうか。」

太郎がそう言って西野の方を見たところ、西野は少し悩むような表情をした後にこう言った。

「あのね、太郎君。私は法律家じゃないから、損害賠償の正確なところはわからないんだ。でもね、多分こうじゃないかなと思うことがあるのだけれども、いいかな。」

急に話が仕事の内容に戻り、太郎はドキッとした。

「えっ、何。まだ続きがあるの？」

「うん。ただ、少し長い話になると思うから、デザートおごってくれるならね。」

いたずらな笑みを残し、西野はメニューのデザート欄を見始めた。太郎もデザートを誘われたので、小さなソルベを注文した。西野が頼んだのは、ガトーショコラとコーヒーだった。

「それで、話の続きは？」

満足げにガトーショコラを口にしている西野をせかした。

「そうだったね。ごめん、ごめん。ここのショコラ美味しいんだよね。ねえ、太郎君、変動費と固定費って聞いたことがあるかな。」

「変動費？　変動する費用のことかな。固定費は固定した費用で。」

「うん、まあそういうことなんだけれども。」

西野は少し困ったような表情を作った。会計に疎い太郎にどのように説明すればよいのかを思案している表情だ。

「さっきのトマトの例で考えようか。本当は閉店時間が午後11時だったとするね。けれども、午後10時45分に入店したお客さんが、どうしてもって頼み込んでトマトサラダを注文して、その日は閉店時間が午後11時30分になったとしようか。」

「うん。常連さんだったりすると、そういうことがあるかもね。」

「その日には、通常よりも30分だけお店の電気代は余分にかかるよね。」

太郎はうなずいた。

「じゃあ、その日にお客さんの注文を受け付けずに午後11時で閉店した場合にはどうなるかな。」

太郎はハッとした。

「そうか。電気代は売上原価のように節約できるんだ。だとすると、営業停止の間、かかっていない電気代を損害から控除できるんだ。」

「そうだと思うんだ。」

西野はコーヒーを飲みながら、そうつぶやいた。

「ところでさ、電気代は経費になるんだっけ。」

太郎が尋ねた。

「そうだね。そういった経費を控除して残ったものが利益だよね。」

「じゃあ、損害賠償額を計算する際には、経費を全て抜いた利益ということになるんだね。」

太郎は損害額をますます減額できるヒントを得たことで意気揚々としていた。

「ううん。そういうことにはならないと思うな。」

太郎は驚いた。

「何で？」

「さっきの例の電気代は変動費だと思うんだ。だけれども、経費の中には固定的なものもあるでしょ。」

西野が何を言いたいのか分からず、太郎は頭をひねった。

「たとえば家賃とか。閉店時間が午後11時から午後11時30分になったとしても、家賃は増えたりしないよね。」

そう言われてみればそのとおりだ。これと損害額とでどういった関係があるのだろうか。太郎は内心混乱していたが無言でうなずいて、西野の説明を待つことにした。

「こういった費用を固定費というの。さっき話していた電気代は変動費ね。」

そう言って西野はテーブルの端に手を伸ばして、紙ナプキンをもう1枚つまみ上げると、それをテーブルの上に広げてスラスラと計算式を書き出した。

1,000円（売　上）
－300円（売　原）
－600円（経　費）

100円（利　益）

「さっきのトマトの例をもう一度思い出してね。1000円でトマトが売れました。仕入代金は300円だったとして、それは売上原価として差し引かれます。」

－300円の箇所にボールペンを指しながら西野は説明を続けた。

「その1000円の売上を作るためにかかった経費が600円だったとします。利益は100円になるよね。」

太郎はうなずきながらも尋ねた。

「でもさ、トマト1皿売るのに600円も経費がかかるかな。」

西野は人差し指を左右に振りつつ、

「甘いなぁ、太郎君。確かにこのトマトをカットして出すだけなら、そんなに経費がかからないと思うでしょ。でもね、このトマトを提供するために、丸の内の一等地に高い賃料を払って場所を提供して、広告費を投入して集客して、テーブルや椅子を買い揃え、電気や空調、そしてスタッフの人件費もかかっているんだよ。」

西野がお店の中を見回すのに合わせて、太郎も店内に目をやった。時刻はもう午後11時に差しかかっている。お店に残っている客は、西野と太郎のほかにもう1組だけだ。多くのテーブルは空席だというのに、店内のライトは煌々と照らされ、視界に入るだけでもスタッフは2名ほど待機している。このトマトから得られる利益に比べたら、現在お店が使っている経費の額はかなりのものだろう。

「よく、コーラの原価は数円だとか、飲食店のメニューを見てはスーパーで買ったらもっと安いとか言う人がいるでしょ。カットトマトとかスティック野菜とかね。でもね、そういう人って商売の仕組みが分かっていない人だと思うの。」

太郎は自分のことを指摘されているようで恥ずかしくなった。

「飲食店がそんなに利益を得ているならば、閉店するお店なんてないはずでしょ。でも、実際には閉店するお店、つまり赤字のお店は多いのが現実なんだ。」

そういえば、マルマエ食料も薄利多売で苦しんでいたなと思い出した。つい目の前に出されたカットトマトだけを見ると、すごく利益が取れるのだろうなと思ってしまうが、その後ろに隠れている経費の存在を再認識させられたようだった。

「太郎君のせいで話がそれちゃったじゃない。元に戻すよ。」

西野はそう言って－600円の経費の箇所をボールペンの先で2回叩いた。

「さっき、経費には変動費と固定費の2種類があるって説明したでしょ。仮に600円の経費のうち半分が変動費で残りが固定費だったとしようか。」

ナプキンを手元に引き寄せて、ボールペンでもう1つ計算式を書きこんだ。

1,000円（売　上）
－300円（売　原）
－300円（変動費）
－300円（固定費）

100円（利　益）

「こうなるよね。」
西野が同意を求めた。太郎は無言でうなずいた。
「ここで質問です。1000円のトマトを注文しなかった場合にお店はいくらの損害を被るでしょうか。」
「まず、1000円の現金が入ってこなくなるよね。けれども、材料は節約できるから300円分損しなくなると。」
太郎は続けた。
「変動費は売れなければ節約できるものだったよね。だとしたら、売原みたいに考えて300円は節約できると。固定費は……、賃料は節約できないから、この費用はかかるよね。」
西野は目を大きく見開いてうなずいている。
「ということは……、損害はいくらになるんだろう。」
太郎がつぶやくと、西野はナプキンにさらに計算式を書きだした。

－1,000円（売　上）
＋300円（売　原）
＋300円（変動費）

－400円

「太郎君の言ったとおりだよ。1000円が入ってこなくなるけれども、材料費は節約できるから300円は損しなかったことになるよね。そして、トマトを売らなくてもよくなったことで節約できる経費の300円も損しなかったことになる。だから、損害は400円じゃないかな。」

「固定費はどこに行ったの？」

太郎は率直に疑問をぶつけた。

「固定費はトマトが売れても売れなくてもかかるんだから、損害じゃないと思うんだ。」

「どうして？」

分かるようで分からない。あれこれと頭をひねってみたが、いまいちピンとこない。

「じゃあ、こうしようか。」

しびれを切らした西野がもう一枚紙ナプキンを取ると、サラサラと書き出した。

「ある会社があったとするね。その会社の売上高は１年間で1000万円、売原は300万円、変動費は300万円、固定費は300万円。この場合の年間利益は100万円になるよね。」

1,000万円（売　上）
−300万円（売　原）
−300万円（変動費）
−300万円（固定費）

100万円（利　益）

トマトの話の単位を大きくして、会社全体の話にしたのかと理解できた。

「この会社が別の会社のせいで１年間営業停止になったとするね。この場合の利益というか損失はこうなるよね。固定費は１年間かかり続ける前提だよ。」
もう１枚紙ナプキンを取り出して西野は書き始めた。

0円（売　上）
0円（売　原）
0円（変動費）
−300万円（固定費）

−300万円（損　失）

売上はなくなるので仕入も必要ない。また、変動費は節約できるのでこれも必要ない。固定費は引き続きかかるのであれば、このようになるだろう。
「そうだね。こんな状態になるよ。」
自信を持って太郎は答えた。
「それじゃあ、1000万円の売上があった場合となくなった場合の差額はいくらかな。」
「100万円の利益が300万円の損失に変わったのだから、400万円だね。」
「そうだよね！」
そう言うと西野はさっき書いた、売原と変動費を控除した残額が−400円になるナプキンを持ち上げて太郎の目の前に突き出した。
「ね、400万円が損害でいいんじゃないかな。」
ひらめいた。分かる気がする。太郎は２つの図を左右に並べた。

1,000 万円（売 上）	0 円（売 上）
−300 万円（売 原）	0 円（売 原）
−300 万円（変動費）	0 円（変動費）
−300 万円（固定費）	−300 万円（固定費）
100 万円（利 益）	−300 万円（損 失）

「この左側の状況が営業停止になって右側になったわけだよね。だとすると、左と右の差額を求めればいいんだ。全ての項目を引き算すればいいんだから……、売上は1000万円減った、売原は300万円節約できた、変動費は300万円節約できた、固定費は変わらなかったということでこの式になるんだ。」

と言って、太郎はさっき西野が書いたナプキンを手に取った。

−1,000 円（売　上）
＋300 円（売　原）
＋300 円（変動費）

−400 円

「これが差額の状態を表した式になるね。トマトの場合でも注文されなかったことによる損失は400円なんだ。」

太郎が理解した様子を見て西野は続けてこう言った。

「やっぱり損害賠償の場合でもこの考えでいいんだよね。安心した。結局のところ、固定費は変動しないから、影響を与えるのは変動費になるんだよね。」

太郎は完全に納得して、うんうんと大きくうなずいた。

「この変動費までを差し引いた利益のことを会計上では限界利益というの。これが本件では損害になるんじゃないかな。」

西野は新たなナプキンにこのように記した。

1,000円	（売　上）
−300円	（売　原）
−300円	（変動費）
400円	（限界利益）

「限界利益……」

太郎は初めて聞くその言葉をつぶやいた。

……Scene 3「判例」（32頁）へ続く。

解　説

1 ■ 限界利益

限界利益とは、売上高から変動費を差し引いた利益を意味する。限界利益は、営業量（販売量）の増減に応じて増減する限界の利益部分に着目した概念である。

なお、限界利益と対比される概念として貢献利益というものが存在する。貢献利益の捉え方については大別して２つの考え方があり、限界利益と貢献利益を同一のものとして捉える説、限界利益から個別固定費を控除した利益も貢献利益とする説がある。そのため、貢献利益という会計用語が用いられる場合には、いずれの概念を意味しているのか注意する必要がある。

もっとも、一般的な損益計算書では、限界利益という勘定科目は見られない。通常、損益計算書は、全部原価計算という計算法に則って作成されている。全部原価計算とは、全ての製造原価を製品に負担させるという思考に基づく原価計算法である。

〈全部原価計算の損益計算書〉

科目	金額
売上高	
売上原価	
売上総利益	
販売費及び一般管理費 旅費交通費 広告宣伝費 通信費 接待交際費 給料手当 雑給 光熱費 発送費・配達費 減価償却費 地代家賃 雑費	
営業利益	

全部原価計算の損益計算書では、売上高から売上原価を差し引いた売上総利益から、販売費及び一般管理費という様々な経費を控除し、営業利益を求めている。販売費とは、企業の製品、商品等の販売業務に関連して発生する営業部門等における費用を意味する。一般管理費とは、企業全般に及ぶ一般管理業務に関連して発生する本社業務等の費用である。

これらの経費の中には、変動費や固定費の性質を有するものが混在している。また、同じ勘定科目であっても、その中で変動費としての性質を有する部分と、固定費としての性質を有する部分が入り混じっていることも多く見られる。

なお、経費とは一般的に売上を得るための支出を意味するが、本書では概ね販売費及び一般管理費の意味で用いている。

一般的な企業会計で採用されている全部原価計算とは異なる、直接原価計算という計算法も存在する。直接原価計算では、原価を変動費と固定費に区分し、変動製造原価だけで製造原価を計算し、限界利益（売上高－変動費）を算定する原価計算法である。

〈直接原価計算の損益計算書〉

科目	金額
売上高	
変動製造原価	
変動製造マージン	
変動販売費	
貢献利益	
固定費 固定製造原価 固定販売費 固定一般管理費	
営業利益	

上記直接原価計算の損益計算書に記載されている貢献利益は、限界利益と同義である。このように、直接原価計算の損益計算書を用いれば、特段固定費と変動費を区分することなく、容易に限界利益を把握することができる。また、直接原価計算で算定する限界利益は、売上高に対応するため、利益計画や原価管理の観点から有益であるといわれている。

このように直接原価計算には有益性が認められるものの、外部公表用の財務諸表として採用されている原価計算法は全部原価計算であり、直接原価計算は採用されていない。これは、固定費と変動費の区分が実務上困難であり、区分次第では利益操作に利用されかねないためである。

営業損害は限界利益であるとする一方で、全部原価計算に基づく損益計算書しか存在しない通常の場合では、可能な限り正確な営業損害を算定するために、この困難な固定費と変動費の区分の立証に挑まなければならないのである（経費を固定費と変動費に区分することを固変分解という。116頁参照）。

2 ■ 限界利益が原則として営業損害となる理由

(1)　損益相殺

ストーリーでは、専ら会計的な観点から限界利益が営業損害となることを説明した。これを法的な観点からすると、損益相殺という概念により説明されることになる。損益相殺とは、不法行為や債務不履行による損害賠償の算定にあたって、被害者又は債権者が損害を被った反面、その損害に関連して利益をも得ている場合において、損益を相殺した金額が賠償額になるという理論をいう。損害の公平な分担の観点から、損と益を相殺して純額についてだけ賠償を認めるという理論である。たとえば、300万円の自動車が盗難にあったものの、窃盗犯に分解されて売却された残りとして、売却価値10万円のスクラップが被害者のもとに返ってきたとする。この場合、300万円の損と10万円の益を相殺した、290万円という純額についてのみ損害賠償が認められる。

営業損害が生じる場合には、理論的には以下の収入支出の増減を観念することができる。

① 減少する収入
② 変化しない収入
③ 増加する経費
④ 減少する経費
⑤ 変化しない経費

まず、収入が増加する場合は、そもそも損害ではない。また、収入が変化しない場合も（②)、営業損害が生じているとはいえない。

次に、経費が増加する場合（③)、たとえば倉庫が火災で焼失した場合の撤去費用などは、それ自体が独立して損害賠償を構成することになるため、営業損害として検討する必要はない。もっとも、一般的に営業を停止するのであれば、売上を獲得するために要する経費が増加するとは考えにくい。そのため、営業損害として検討すべき要素は、以下の3つに大別される。

ⅰ 減少する収入
ⅱ 減少する経費
ⅲ 変化しない経費

この要素を損益相殺の観点から検討すると、減少する収入は損（ⅰ)、減少する経費は益（ⅱ)、変化しない経費は損でも益でもないことになる（ⅲ)。つまり、ⅰとⅱを損益相殺し、その残存額が賠償額になる。

⑵ 変動費と固定費

変動費とは、営業量の増減に応じて、総額において比例的に増減する原価をいう。固定費とは、営業量の増減とは無関係に、総額では変化しない原価をいう。分かりやすく言い換えると、変動費は売上高の増減によって比例的に増減する経費であり、固定費は売上高の増減によって変化しない経費をいう。

ここで、営業損害が生じて売上高が減少した場合を想定してみる。この場合、売上高が減少し、変動費が減少し、固定費は変化しないことになる。つまり、前項で検討した要素が、概ね以下のように当てはまることになる。

ⅰ 減少する収入＝売上高
ⅱ 減少する経費＝変動費
ⅲ 変化しない経費＝固定費

そのため、損益相殺の結果、売上高と変動費を損益相殺した残存額が賠償額になる。一方で、会計学上、売上高から変動費を控除した額を「限界利益」という。

以上のことから、本書では原則として、「営業損害＝限界利益」であると捉えている。もっとも、営業損害の現場では、変動費とはいえないものの、節約可能な固定費というものが存在することがある。当該節約可能固定費は、営業損害算定の際には限界利益から控除する必要がある（45頁参照）。とはいえ、多くの営業損害の事象は、限界利益として捉えていて問題ないと考える。

Scene 3

判例

翌朝、いつもより30分ほど早い午前9時に太郎は出勤した。4億円の損害賠償の対抗策として、西野に教わった限界利益という概念に至ったことで興奮状態になり、いつもより早く目が覚めてしまったのだ。飯嶋先生が事務所に到着したのを見計らって、昨日相談があったマルマエ食料の内容証明について報告に向かった。

内容証明を示しつつ、マルマエ食料側の落ち度や現状で売上高4億円の請求がなされていることを報告した。

「それで、本件の争点と方針は。」

飯嶋先生が尋ねるのを待ち構えていたかのように、太郎は本件の損害額は売上高ではなく限界利益である旨の説明を行った。昨日のうちに友人の会計士と会って損害額の点につき検討を行ったことも、少々得意げに報告した。

「限界利益か。」

飯嶋先生はそうつぶやいた。ちゃんと先生は理解しているのだろうか、と思いつつも次の言葉を待った。

「ところで、類似事例について判例を調べたのか。」

と言われ、太郎はハッとした。西野から限界利益の説明を受けるまでは、そもそも何を頼りに判例検索をかければよいのか分からない状態であったが、今では限界利益、変動費、固定費といったキーワードを用いて検索することが可能だ。西野の説明をうのみにしていたけれども、西野は弁護士ではない。もしかしたら、裁判における損害賠償理論は、公認会計士が考えているような枠組みで処理していないかもしれない。

「昨日の夜にその話を聞いたばかりですので、これからすぐに判例検討に入ります。」

と、かしこまった。

太郎が「限界利益」というキーワードで判例検索を行ったところ、200件近いヒットがあった。限界利益という用語が判例でも用いられていることに、ひとまず安堵した。判例の概要に目をやったところ、意外なことに特許権侵害や著作権侵害などの知的財産権に関する判例が多い。いくつかの判例詳細に目を通したところ、特許法に定められている損害額の推定規定を巡り、限界利益説を採用すべきか否かという争点があることを知った。そんな論争があると太郎は全く知らなかったが、マルマエ食料の賠償問題は知的財産紛争とは異なる。そこで、知的財産以外で限界利益が問題となっている判例の詳細に目をやった。

知的財産以外で限界利益という用語に触れている判例は意外と少ない。検索キーワードを「変動費」「固定費」に変えて、さらに検索を行った。その結果、限界利益と明示していないものの、売上高から変動費を控除した数値を損害額と認めている判例もちらほら見つかった。限界利益は会計用語だ。太郎がそうであったように、裁判官でも会計用語を熟知している人は少なく、限界利益という用語が判決文には頻出していないのではないかと考えた。

次に、損害額の推定規定がある知的財産以外の判例につき、どのようなものがあるのか整理してみようと思った。実際に該当する判例をピックアップして表に整理し始めてみると、かなり手間暇がかかることに気がついた。パソコンの右下に表示されている時計に目をやると、既に午後１時を回っていた。しかし、切りが悪い状態で昼食に行く気にもなれず、再び判例整理の作業を行うべく、モニターに集中した。

ようやく判例一覧表ができた時には、午後３時を回っていた。

限界利益判例一覧

No.	裁判 年月日	裁判所名	事件番号	事案の概要	損害額算定における 考え方
①	H18.4.19	東京地方裁判所	H14(ワ)6644 H16(ワ)12367	転換試験棟において生じた臨界事故に伴う風評損害が認められたものの、それを上回る仮払金を受けていたため、差額の支払いを命じられた事案。	売上高の減少額に直近の限界利益率を乗じた金額を営業損害と認めた。
②	H21.6.16	東京地方裁判所	H19(ワ)16291	フランチャイザーが提供した消費期限切れ原料により閉店に追い込まれたとして、フランチャイジーが損害賠償請求を行ったものの、逸失利益が認められないとして賠償が認められなかった事案。	閉店による逸失利益算定においては、限界利益率(売上げが増加する度に獲得できる利益)を用いて損害算定すべきではなく、閉店によって支出不要となった固定費をも控除した。
③	H23.9.29	東京地方裁判所	H20(ワ)35836	顧客名簿を無断で使用したことにつき、就業規則及び秘密保持誓約における債務不履行責任を負うとして、約860万円の賠償が認められた事案。	売上減少にかかる損害算定につき、限界利益率を用いた。
④	H24.4.17	東京地方裁判所	H21(ワ)24715	建物明渡請求につき、総額4600万円の立退料を支払うことと引き換えに明渡請求が認められた事案。	立退料の内訳である得意先喪失補償の算定について、公共用地の取得に伴う損失補償基準細則による限界利益率を用いた。
⑤	H24.8.27	東京地方裁判所	H23(ワ)3604	建物明渡請求につき、総額約800万円の立退料を支払うことと引き換えに明渡請求が認められた事案。	立退料の内訳である営業休止補償の算定について、限界利益率を用いた。
⑥	H25.1.25	東京地方裁判所	H23(ワ)30891 H23(ワ)36256 H24(ワ)366	土地建物明渡請求につき、総額6000万円の立退料を支払うことと引き換えに明渡請求が認められた事案。	立退料の内訳である得意先喪失補償の算定について、TKC経営指標による限界利益率を用いた。
⑦	H25.11.20	東京地方裁判所	H23(ワ)37931	マンションの漏水により一定期間営業ができなかったことを理由として、逸失利益等の損害賠償請求を行い、約450万円の賠償が認められた事案。	売上高から売上原価を控除した売上総利益から、支出を免れる変動費のみを控除して逸失利益算定を行った。

No.	裁判 年月日	裁判所名	事件番号	事案の概要	損害額算定における 考え方
⑧	H26.2.27	東京地方裁判所	H21(ワ)46996	住宅の販売施行の代理店が代理店契約に違反して他社に契約の切り替えを行ったことにつき、債務不履行等に基づき約１億3000万円の賠償が認められた事案。	発注金額相当の代金額から変動費に係る限界原価を控除した限界利益を得ることができなかったと認めた。
⑨	H26.10.31	大阪高等裁判所	H26(ネ)471	公道上のタクシー待機場所の利用を他業者により妨害されたことにつき、不法行為に基づく損害賠償請求として、約600万円の賠償が認められた事案。	機会損失による損害額は、初乗り運賃のような売上高ではなく、限界利益により算定するのが相当であり、変動費、固定費を正確に認める証拠は存在しないものの、限界利益を控えめに算定しても50%を下回らないと推認されることに基づき損害算定を行った。
⑩	H27.5.19	東京地方裁判所	H24(ワ)36197	業務委託契約の解除が無効であるとして、債務不履行に基づき逸失利益の賠償が認められた事案。	販管費には変動費のみならず固定費も含まれているため、逸失利益算定の際に全て控除することは必ずしも適切ではないものの、全証拠によっても的確な逸失利益算定ができないことから、民事訴訟法248条の趣旨も踏まえ、販管費全てを控除した営業利益率により逸失利益算定を行った。
⑪	H27.9.16	大阪地方裁判所	H24(ワ)5418	東日本大震災における福島第一原発事故により、操業を停止した取引先工場からの仕入れが不可能となったことによる賠償請求として、約2000万円が認められた事案。	仕入額に加え保険料を除く販管費の大半を変動費と認定し、限界利益率を求めて損害算定を行った。
⑫	H28.5.18	東京高等裁判所	H27(ネ)5109	紹介手数料の未払を請求したところ、契約の中途解約に基づく損害賠償請求の反訴を受け、約3600万円の賠償が認められた事案。	売上高から変動費を控除した限界利益を営業損害と認めるとともに、季節変動も考慮に入れて前年同期の限界利益に基づき損害算定した。

判例の損害算定における考え方を眺めてみると、判例の主流としては、売上高から変動費を控除した限界利益を逸失利益等と考えているようだと理解できた。ただ、限界利益を算定する際に、変動費と固定費を適切に分配することができず、苦労している様子もうかがえた。たとえば、⑨、⑩、⑪の判例からは、「控えめに算定しても50%を下回らない」「販管費には固定費が含まれているものの全証拠によっても的確に逸失利益算定ができない」「保険料を除く販管費の大半を変動費と認定」などというように、立証が困難であったことがにじみ出ている。また、④、⑥の判例のように、紛争当事者以外の客観的な細則や指標などのデータを用いて、限界利益を認定している事例も見られた。

太郎の目を引いたのは、②の判例だ。この判例の事案では、閉店による逸失利益の算定について、限界利益を売上高で割った限界利益率によらず、閉店によって支出不要となった固定費も差し引くべきと書かれている。全てが限界利益で損害算定できるわけではなく、固定費を控除しなければならない場合もあるのかと疑問に思った。

少しの間考えてみたものの、どうしてこの場合だけ固定費を差し引くのか理解できない。

もしかしたら、西野が提案した限界利益という考え方は、必ずしも損害賠償算定にはピッタリと当てはまらないのかもしれない。やっとたどり着いた限界利益という解決策に、実は欠陥があるのではないかと暗雲立ち込める気分になった。

太郎は携帯電話をポケットから取り出すと、西野の番号に電話をかけた。

「ごめん。仕事中だよね。昨日話した件で、ちょっと教えてもらいたいんだけれどもいいかな。」

「うん。どうしたの？」

若干困った声をしている。太郎は損害賠償に関する判例を調べていたところ、限界利益からさらに固定費までも控除している例を発見したことを簡潔に早口で伝えた。

「そのお店は閉店したんだよね。だとすれば、固定費の中でも節約可能なものはあるんじゃないかな。というよりも、その店舗しか経営していなかったら、固定費はゼロになるんじゃない。」

確かにそのとおりだ。けれども、それと限界利益とどのような関係があるのだろう。

「そうだね。固定費といっても発生しなくなるものもあると思う。ということは、どうなるの。」

「……」

西野が沈黙している。太郎は間の抜けた質問をしたかもしれないと思い、急に恥ずかしくなった。

「あのね。太郎君。昨日の話もう１回思い出してみてよ。」

「うんっ？」

「昨日書いた計算式、捨てちゃった？」

「捨ててないよ。今手元にあるからちょっと待って。」

太郎はあわてて西野に書いてもらった紙ナプキンをもう一度机に並べてみた。

1,000 万円（売 上）	0 円（売 上）
－300 万円（売 原）	0 円（売 原）
－300 万円（変動費）	0 円（変動費）
－300 万円（固定費）	－300 万円（固定費）
100 万円（利 益）	－300 万円（損 失）

3
判例
ストーリー

「売上が０円になったのに、固定費が300万円かかっていた式があったでしょ。」
「うん。」
「それって、どうして固定費が残っていたままか覚えている？」
「確か、売上がゼロになっても引き続き支出があるからだったよね……。」
そういえばそうだった。話しながら昨日の西野とのやり取りを思い出していた。
「さっき太郎君が話したケースだと固定費はどうなるの。」
「閉店したことで固定費もなくなる……。そうか！　固定費が残っていたのは、支出が避けられないためだよね。だとすると、閉店で固定費の支出が避けられる場合には、控除する必要があるや。」
「そういうこと。じゃあね。」
そう告げると西野はさっさと電話を切ってしまった。仕事中なのは分かるけれどもちょっと冷たすぎないか、と太郎は少し不満に思った。けれども、すぐに思い直して理解したことを整理してみた。

売上がゼロにもかかわらず固定費が300万円発生している状況は、たとえば完全に閉店したわけではなく賃貸料などの固定費を支払い続けなければならない場合である。いずれ売上が戻る際に、事務所などがなくなっていては困るからである。そのため、たとえ売上がゼロだったとしても、固定費の支出を避けることができないことは理解できる。
一方で、②の判例のケースでは、フランチャイジー（加盟店）が閉店してしまっている。そうだとすれば、いずれ再開することを期待して固定費を支出し続けるという事態は生じていない。とすれば、右の図の固定費300万円についても支出していないわけで、変動費と同様に差し引かれなければならないことになる。
ノートに紙ナプキンと同様の式を走り書きした。

1,000万円（売 上）	0円（売 上）
−300万円（売 原）	0円（売 原）
−300万円（変動費）	0円（変動費）
−300万円（固定費）	0円（固定費）
100万円（利 益）	0円（損 失）

閉店した場合には、固定費を節約することでこのようになるだろうから、逸失利益額は100万円になる。西野が示したロジックがそのまま当てはまることを確認して何度もうなずいた。

判例検索ばかり行っていたが、ふとネット上では限界利益と損害賠償について何か記載されていないだろうかと思い、ネット検索を行ってみた。すると、東日本大震災の賠償額算定につき、東京電力が以前、限界利益を基準とした賠償案の提示を行っていることを発見した。ここでは、法人・個人事業主の営業損害につき、このように規定されている。

> 逸失利益＝（粗利＋売上原価中の固定費－経費中の変動費－給料賃金・地代家賃）×減収率

調べてみたところ、粗利とは売上高から売上原価を引いたものだと理解できた。減収率は売上高の減少割合とのことである。とすると、仮に売上が完全になくなった場合の減収率は100%になる。

この算定式に「粗利＝売上高－売上原価」を組み込み、「減収率＝100%」を入れた場合の式を書き表してみた。

> 逸失利益＝売上高－売上原価＋売上原価中の固定費－経費中の変動費－給料賃金・地代家賃

ただ、高城販売は小売業であり、売れた在庫の仕入額が売上原価になるわ

3

判例

ストーリー

けだから、売上原価の中に固定費があるとは考えられない。そのため、売上原価中の固定費はゼロでいいだろうと考えた。とすると、この式がさらに整理される。

逸失利益＝売上高－売上原価－経費中の変動費－給料賃金・地代家賃

そして、売上高から売上原価や変動費を控除したものが限界利益なのだから。

逸失利益＝限界利益－給料賃金・地代家賃

このようになる。限界利益から控除している給料賃金や地代家賃の存在が気になるが、これは、②の判例で理解した節約可能な固定費なのだろうと推測できる。原発の影響で避難しなければならない場合には、人件費や地代の支払はなくなると考えられるからだ。東京電力の賠償基準額でも太郎の理解と一致する。

結局のところ、逸失利益算定については、以下の式で統一的に説明できるのではないかという結論に到達した。

逸失利益＝限界利益－節約可能固定費

……Scene 4「回答書」(51 頁) へ続く。

解　説

1 ▪ 判例に見る営業損害算定

営業損害が訴訟において争われた例は多いと考えられるものの、そのうち変動費、固定費、限界利益といった概念に着目して営業損害を算定した判例は少ない。一方で、これらの概念に言及していない場合であっても、損害算定の過程において、これらの要素を検討していることは多い。

以下、ストーリーでも用いられていた営業損害に関する判例一覧（34・35頁）を用いて、その判断方法につき分析を行う。

⑴　限界利益率に着目した事例

一覧のうち、限界利益率（限界利益を売上高で除した指数）に着目して損害額算定を行っている判例は、①、③、④、⑤、⑥、⑦、⑪、⑫である。限界利益率という指標に着目して損害額算定を行うことは、会計上の観点からも合理的な判断と考えられる。もっとも、一概に限界利益率といっても、どのように算定した限界利益を用いているのかという点で以下のような相違が見られる。

<table>
<tr><th colspan="2">判例</th><th>限界利益率の基準</th></tr>
<tr><td rowspan="6">該当会社の限界利益率を用いたもの</td><td>①</td><td>損害算定の直前期の限界利益率。</td></tr>
<tr><td>③</td><td>損害が発生した一定期間の限界利益率。</td></tr>
<tr><td>⑤</td><td>不明。</td></tr>
<tr><td>⑦</td><td>損害算定の直前期の限界利益率（1日当たり限界利益）。</td></tr>
<tr><td>⑪</td><td>損害算定の直前期の限界利益率。</td></tr>
<tr><td>⑫</td><td>前年同期間の限界利益率。</td></tr>
<tr><td rowspan="2">該当会社以外の限界利益率を用いたもの</td><td>④</td><td>公共用地の取得に伴う損失補償基準細則。</td></tr>
<tr><td>⑥</td><td>TKC 経営指標による固定費と利益の和を売上高で除したもの。</td></tr>
</table>

＞判例の分析

限界利益率は、同業種で規模が同程度であっても異なることが一般的である。同業種であっても上昇傾向にある会社がある一方で、経営悪化により倒産してしまう会社があることからすれば、これは当然のことである。そのため、損害額算定においては、営業損害を受けた会社の限界利益率等の指標を用いることが原則となる。

しかし、会社全体の損益ではなく、一事業部の営業損害が問題になっている場合など、明確に売上高や経費等を配分することができない場合も考えられる。また、固定費と変動費を明確に分解することができず、正確な限界利益率を算定することが困難な場合も考えられる。このように該当会社の限界利益率を算定することが困難な場合には、例外的に合理性が認められることを条件として、統計的な基準や規則等を利用して損害額を算定することも考えられる。このような事情がうかがわれる判例が、④、⑥ではないかと推測される。

一方で、原則どおり営業損害を受けた会社の限界利益率を用いて損害算定している判例が、①、③、⑤、⑦、⑪、⑫である。もっとも、限界利益率を算定する際に基準とした期間については、各判例において一定していない。しかし、前年度と損害発生した年度との間に、売上高や経費が著しく変動する事情が存在しないのであれば、前年度の限界利益率を用いることが適切であると考えられる。このように判断された判例として、①、⑦、⑪がある。

ただ、このように前年度の限界利益率を用いることができない場合も考えられる。たとえば、事業が毎年成長を続けており、右肩上がりで売上高や限界利益率が向上している場合などは、前年度の限界利益率を用いると、実際の限界利益率よりも低い数値が適用されてしまうことになりかねない。たとえば、×1年度の売上高が1000万円、限界利益率が20％、×2年度の売上高が1500万円、限界利益率が25％である会社において、×3年度の売上高が2000万円、限界利益率が30％と予測されていたところ、×3年度に事業停止を余儀なくされた場合などである。×3年度の業績は予測にすぎないとして、×2年度の売上高と限界利益率を用いて損害算定を行うと、1500万円×25％＝375万円が損害となる。しかし、予測値である×3年度の売上高と限界利益率を用いると、2000万円×30％＝600万円が損害と算定される。×2年度の数値を用いて損害算定を行うか、×3年度の予測値を用いて損害算定を行うかは、どれだけ×3年度の予測値に確実性が認められるのかを立証できたか否かによるものと考えられる。

その他のケースとして、季節変動がある場合が考えられる。１年のうちに季節変動がある業種では、営業損害が生じた時期がいつの期間であったのかによって、売上高や限界利益率に影響を与える。たとえば、７月と８月が繁忙期のビール会社において、営業停止が生じた時期が２月なのか、８月なのかという点は、損害額算定に大きな影響を与える。このような場合に、前年度の年間平均の売上高や限界利益率を用いられてしまうと、季節変動の影響が均一化されてしまうという問題が生じる。季節変動の影響が認められる場合に、年間平均した数値を用いて損害算定するのではなく、季節変動を加味した損害算定を行うか否かは、季節変動の確実性を立証し切れたか否かによるものと考えられる。

なお、⑫は、筆者らが代理人として営業損害の請求を行っていた事案であるが、当該営業損害には季節変動が存在した。過去数年の月次損益計算書のデータから、季節変動が存在することは明らかであったにもかかわらず、原審の東京地裁判決では季節変動の影響を加味しない年間平均の限界利益率等を用いて損害認定がなされた。ところが、控訴審では、季節変動を考慮に入れ、前年の同期間の限界利益率等を用いるべきと判断が一転した。このように、限界利益率等を算定する際にどのような基準を用いるのかという点は、多分に立証努力に左右されるものであり、その判断は損害額に通常多大な影響を与える。

⑵　限界利益率によらなかった事例

限界利益率という指標を用いず、営業損害の算定を行った判例は、②、⑧、⑨、⑩である。具体的には、以下のような手法を用いて損害算定を行っている。

〈変動費を個別的に控除したもの〉

判例	内容
⑧	個別具体的な事業について、各々売上高から変動費を控除した限界利益を算定。

〈変動費・固定費を控除したもの〉

判例	内容
②	店舗が閉鎖していることから、本来得るべき売上金から支出を免れた変動費のみならず、店舗閉鎖に伴い支出を免れた固定費をも控除した金額が損害。

〈概算数値を用いたもの〉

判例	内容
⑨	限界利益が損害であるとしつつも、変動費・固定費を正確に認めるだけの証拠がないため、限界利益率を50％は下回らないと認定し損害算定。
⑩	固定費と変動費の区別が不十分であるため、損害算定としては不正確であるものの、経費全てを控除した営業利益により損害認定。

＞判例の分析

前年度の限界利益率などを利用して損害算定を行わなくても、個別的に売上高や変動費額を確定できるのであれば、それによって損害算定を行うことも合理的である。⑧の事案では、個別的な事業につき各々売上高から限界利益等を控除して損害額を算定している。

一方で、②の事案では、売上高から変動費のみならず一定の固定費までをも控除したものが損害であると認定している。しかし、これは限界利益が営業損害であるという立場と矛盾するものではない。限界利益が営業損害であるとする根拠は、営業停止等の事情により、一定の売上を得ることができなかったことと、一定の経費の支払を免れたということを損益相殺しているからである。通常の場合、売上を得ることができなかった場合には、売上の増減によって変動する変動費の支払を免れることになるため、限界利益が営業損害にあたることになる。もっとも、会計上固定費に分類される経費であっても、損害賠償の原因によって支払を免れることになれば、これも損益相殺の対象とすべきである。このような固定費のことを本書では節約可能固定費と呼ぶこととする。

②の事案では、店舗が閉鎖することになり店舗の賃料等の固定費の支出を免れることになっている。これらの固定費は、節約可能固定費に該当するため、これを控除対象とする裁判所の判断は合理的といえる。

これら個別的に売上高から変動費等を控除するものと異なり、⑨の事案では、限界利益率50％と大雑把に認定が行われている。⑩の事案に至っては、固定費と変動費の区別の立証ができなかったことから、固定費をも含めた経費全てが売上高から控除された営業利益が損害と認定されている。固定費と変動費の区分は、限界利益算定における重要なトピックスであるものの、会計的要素が強い分野であるとともに、多くの証拠が損害賠償請求をする側に存在するため、立証のハードルは高い。そのため、立証に失敗することになると、不利な限界利益率や経費全てを控除した営業利益率によって損害算定が行われてしまいかねない。

2 ■ 知的財産権の侵害における利益

特許法102条2項は、特許権等を有している者がその侵害者に対して賠償請求する場合には、その侵害者が得ている利益を特許権者等の損害額と推定することを定めている。

> **特許法102条2項**
> 特許権者又は専用実施権者が故意又は過失により自己の特許権又は専用実施権を侵害した者に対しその侵害により自己が受けた損害の賠償を請求する場合において、その者がその侵害の行為により利益を受けているときは、その利益の額は、特許権者又は専用実施権者が受けた損害の額と推定する。

この損害額の推定と類似の規定は、著作権法や不正競争防止法等、多くの知的財産権における損害額の推定規定として用いられている。

知的財産権の侵害のケースも、会社が有する１事業の営業損害という点で類似している。そして、営業損害の分野では立法が不十分であるのに対し、知的財産権の分野では上記のとおり立法が整備されているため、損害論を巡る解釈が充実している。そこで、営業損害を原則として限界利益と捉えることの合理性を検証するため、知的財産権における損害論争について言及する。

⑴　学説

特許法102条２項における「侵害者が受けた利益」（侵害者利益）の意義に関して、侵害者の売上高からいかなる費用を控除すべきかという点につき、以下の学説・判例の見解が存在する。

①純利益説

侵害品の製造にあたって必要となった全ての費用を控除して算出される純利益が侵害者利益であるとする見解を純利益説という。

純利益説では、売上高から変動費のみならず固定費等も全て控除して利益が算定される。従来の判例では、純利益説を採用するものも多かった。しかし、純利益説によると賠償額が低くなり権利者の救済の観点から問題があること、控除対象となる販管費には侵害行為と無関係な費用も含まれていることなどから現在では批判を受けている。

②粗利益説

侵害者利益を純利益と捉えつつ、権利者が売上高から売上原価や仕入額を控除した粗利益額を立証すれば、特許法102条２項の推定を受ける。一方で、侵害者が販管費等のその他の費用項目を控除するよう主張立証した場合、販管費等の控除を認めるという見解を粗利益説という。

粗利益説は、販管費等の主張立証が権利者において困難であることに配慮し、その立証責任を侵害者に負担させるというものである。しかし、この場合であっても侵害者が販管費等の主張立証をしさえすれば、販管費等が賠償額から控除されてしまうことになる。そのため、純利益説と同様に、賠償額が低くなってしまい、侵害行為と無関係な費用も控除対象になってしまうという批判を受けている。

③権利者限界利益説

侵害品の売上高から権利者が侵害品の譲渡数分量を製造、販売するために追加的に要する費用を控除した額が特許法102条２項における「利益」であるとする見解を権利者限界利益説という。

以前は権利者限界利益説に立つ判例も存在したが、「その者がその侵害の行為により利益を受けているとき」という文言と乖離していることなどの批判を受けている。

④侵害者限界利益説

侵害者の売上高から侵害者が侵害品の製造、販売のために追加的に要した費用を控除した額が侵害者利益であるとする見解を侵害者限界利益説という。

純利益説では販管費等の経費が全て控除対象となっていたが、販管費等の中には侵害行為と無関係な費用も含まれており、これを控除対象とすることは不合理である。そこで、侵害者限界利益説では、侵害品の製造販売に直接必要となった費用に限って控除対象としている。侵害品の製造販売に直接必要となる費用とは、通常、売上を構成するために直接必要となる変動費を意味する。近時では、侵害者限界利益説に立つ判例が多くみられ、有力な見解となっている。

⑵　判例

上記のとおり知的財産権においては、損害額の推定規定が存在し、損害論を巡る解釈も充実している。そのため、知的財産権を巡り限界利益に言及している判例は、多く認められる。

以下、抜粋として最近の判例を掲載する。

限界利益判例一覧（知的財産権分野）

No.	裁判年月日	裁判所名	事件番号	事案の概要	損害額算定における考え方
①	H12.4.27	東京高等裁判所	H11(ネ)5064 H11(ネ)5721	顧客情報の利用が不正競争防止法上の不正競争にあたるとして、顧客乗換における逸失利益等として約1400万円の賠償が認められた事案。	主要な変動費は商品原価である一方で、人件費は顧客数の減少により影響を受けないことなどを考慮して、失われた売上額からその売上を得るための変動経費のみ控除した限界利益を損害と認めた。
②	H14.10.31	東京高等裁判所	H12(ネ)2645	新規芳香族カルボン酸アミド誘導体の製造方法に係る特許権を侵害していることを理由に損害賠償等が認められた事案。	特許法102条1項にいう「単位数量当たりの利益」は、権利者が自己の製品を製造販売するために必要な初期投資を終えた後に得られる製品1個当たりの利益であり、売上げから追加の製造販売を行うのに必要な経費を控除した利益（限界利益）と認めた。
③	H17.4.28	名古屋地方裁判所	H16(ワ)1307	パレット積替装置に関する特許権を侵害していることを理由に約300万円の損害賠償等が認められた事案。	特許法102条2項にいう「利益」とは、侵害者が特許権侵害に係る製品の製造、販売のみに要する専用の設備を新たに設置し、あるいは従業員を雇い入れたといった例外的な事情がない限り、侵害に係る製品の売上額から、原材料の仕入れ、加工、保管、運送等に要した経費のうち当該製品の製造、販売のみのために要した変動費を控除した限界利益をいう（もっとも、必ずしも財務会計上の限界利益と一致するものではない。）と解するのが相当と認めた。

No.	裁判年月日	裁判所名	事件番号	事案の概要	損害額算定における考え方
④	H19.4.24	東京地方裁判所	H17(ワ)15327 H18(ワ)26540	レンズ付きフイルムユニット及びその製造方法に関する特許権を侵害していることを理由に約4000万円の損害賠償等が認められた事案。	特許法102条2項の「侵害行為により得た利益」の算定においては、侵害品の製造ないし販売に相当な因果関係のある費用、すなわち、製造ないし販売に直接必要な変動費及び個別固定費を控除の対象としていわゆる貢献利益(広義の限界利益)を算定すべきであって、侵害品を製造ないし販売しなくとも発生する費用(一般固定費)は控除の対象としなかった。
⑤	H23.11.8	東京地方裁判所	H21(ワ)24860	営業秘密である顧客情報を不正競争等のために用いたとして総額約500万円の賠償が認められた事案。	逸失委託料の算定につき、契約期間2年間を限度に、委託料に限界利益率(粗利から変動経費を除いた限界利益が収入に対して占める割合)を乗じて算定した。
⑥	H25.10.17	東京地方裁判所	H23(ワ)22277	顧客情報の利用が不正競争防止法上の不正競争にあたるとして、顧客情報利用による逸失利益等として約5300万円の賠償が認められた事案。	本件顧客情報の価値は、これを使用することによって得られる利益(粗利)からこれを使用することによって要する費用(変動費)を控除したいわゆる限界利益がこれに相当すると認めた。
⑦	H27.11.19	知財高等裁判所	H25(ネ)10051	既存の版胴を加工することにより表面粗さに関する特許権を侵害していることを理由に約8800万円の損害賠償等が認められた事案。	特許法102条1項の「単位数量当たりの利益額」は、特許権者等の製品の販売価格から製造原価及び製品の販売数量に応じて増加する変動経費を控除した額(限界利益の額)であり、その主張立証責任は、特許権者等の実施能力を含め特許権者側にあるとした。
⑧	H28.2.8	大阪地方裁判所	H26(ワ)6310	「でき太」のプリントを使用して「でき太の算数・数学」という教材を開発・作成したことにつき、著作権侵害等を理由に約800万円の損害賠償等が認められた事案。	著作権法114条2項にいう「利益」とは、侵害による売上高から、その販売に追加的に要した費用を控除した額(限界利益)と解するのが相当であり、侵害品の売上げによって追加的に要しなかった経費は控除しなかった。

3 判例 解説

⑶　営業損害との関係

以上検討してきたとおり、知的財産権の分野における侵害行為における損害は、限界利益として捉えるべきとの見解が有力である。知的財産権侵害において損害額を限界利益と捉えるべきとのロジックは、固定費をも控除することになれば損害額が不当に低くなってしまうという点で、営業損害を原則として限界利益と捉えるべきというロジックと親和性を有している。

ただ、注意すべきなのは、知的財産権侵害の場合には、損害額の推定規定により「侵害者」の限界利益が損害と捉えられている一方で、営業損害の場合には、営業停止等の被害を被った「権利者」の限界利益を損害と捉えていることである。営業損害において限界利益から控除すべきとされた節約可能固定費については、「権利者」において観念されるものであり、「侵害者」において観念されるものでないため、知的財産権侵害では控除対象とならないものと考えられる。

一方で、侵害品の製造販売に直接必要となった費用（侵害者限界利益説）には、変動費のみならず初期の設備投資のような個別固定費も含まれる（48・49頁の一覧表④参照）。これらの費用は、「侵害者」において観念されるものであり、「権利者」において観念されるものではない。そのため、営業損害を算定する際には、このような個別固定費を控除する必要はないものと考えられる。

このように、必ずしも知的財産権侵害と営業損害における損害は一致しないものの、原則として限界利益という点では一致を見ている。

Scene 4

回答書

太郎は早速、判例を調べた結果判明した事実を飯嶋先生に報告した。先生も結論に納得している様子だった。ふと窓を見てみたら真っ暗になっている。腕時計を見ると午後７時を回っていた。急に空腹感に襲われた太郎は、昼食を食べていないことに気付いた。そんな様子を見て飯嶋先生は太郎を夕飯に誘った。

◉

太郎の事務所界隈には定食屋が多い。二人はその中の行きつけの中華料理屋に入った。カウンターとテーブルが３つほどのこぢんまりとした店だ。中国人夫婦が経営していて、値段の割に味がいいと評判のお店だ。いつものメニューを頼み終えたところで、飯嶋先生はこう切り出した。

「さっきの話だけれども、損害額が原則として限界利益になるという点はいいと思うんだ。」

「はい。」

「だけれどもさ、今回は売上高ベースで４億円請求されているんだよね。結局はいくらが損害額になるの？」

「それは、売上高じゃなくて、限界利益……。」

と言いかけた際に問題の所在に気付いた。売上高なり限界利益なりの資料は、全て相手方である高城販売が有している。限界利益が損害だとしても、限界利益を算定するために必要な変動費や固定費などの情報を入手できるのだろうか。

「損害額の立証責任は原告にありますから、釈明で資料を出させて行くんですかね。」

迷いながらも太郎はそうつぶやいた。

「まあ、そうなるしかないね。こういったケースでは、証拠がかたよっているから釈明が重要になるんだよ。」

その後話題はマルマエ食料の話から離れて行った。

◉

翌日、太郎は事務所会議室でマルマエ食料の奥野社長と机をはさんで向き合っていた。先日の面談では、社長の質問に即答できず信頼を失ってしまった。そのため、太郎は社長との面談の際に飯嶋先生も同席してほしいと頼んだのだが、先生はその件は任せたと言うばかりで面談に加わってくれなかった。仕方なく太郎は社長と二人っきりで面談に臨んでいるのである。

「先方から送られてきた内容証明について、飯嶋先生とも協議を行いました。」

太郎はまず、今回の面談に飯嶋先生が加わってはいないものの、既に先生と協議済みであることをアピールした。もちろんこれで社長の信頼が回復するわけではない。しかし、これから説明する内容を安心して聞いてもらうためには、飯嶋先生と協議をした結果であることを最初に告げておく必要があった。

「社長、限界利益という言葉をご存じですか。」

「何ですかそれは。」

社長は限界利益という会計用語は知らなかった。そのため、太郎は西野が教えてくれたように、変動費と固定費の話から事細かに説明を行った。その際に、友人の会計士にも助言をもらっていることを伝えた。社長は経営者として会計数値に知見があったことから、太郎が西野から教わった時よりもスムーズに限界利益という概念を理解してくれた。

「ということは、高城さんの賠償額は4億円じゃなくて、かなり減らせるということですね。」

社長は賠償額が減るということを理解して、張りつめていた緊張感が徐々に顔から引いて行った。

「そうです。具体的に限界利益の額がいくらになるかは現段階では分かりませんが、少なくとも4億からはかなり減額することができると思います。」

太郎は先日失った社長の信頼を回復させるべく、「かなり減額することができる」と口走ったが、どの程度減額できるかわからない状態で過度に期待を持たせる発言をすべきではなかったと少し後悔した。

「ところで社長。高城販売の決算書をお持ちではないですか。」

「決算書ですか。漠然と年商いくら程度は聞いたことはありますが、きちんとした決算書をもらったことはないですね。ないとまずいのですか。」

「いえ、出してくれなければ要求するしかないのですが、もし持っていればと思いまして。」

決算書はこちら側にはなしか。しかたがない。太郎はもう一つ気になっていることを質問した。

「ところで社長。高城販売の決算書が出てきたとして、どの項目が変動費でどの項目が固定費かという見当はつきますか。」

「えっ。高城さんのですか。うちの決算書であれば、経理担当に聞けばある程度分かるんだが、他社のこととなるとちょっと。」

「そうですよね。」

ダメ元の質問だったが、やはり変動費と固定費の分類は今後問題になりそうだ。とはいえ、会計士の西野という後ろ盾があることから、それほど深刻には捉えていなかった。今更ながら、OB会で西野に会ったという幸運に感謝した。

◉

社長との打合せが終わった後に、高城販売の通知書に対する回答書を作成すべく、資料とパソコンを交互に見比べていた。高城販売の通知書には、到着から1週間以内に回答をするよう記載されている。しかし、弁護士である太郎は、通知書で一方的に定められた期限にさほど意味はないことを熟知していた。特に、弁護士作成の内容証明の場合、期限を過ぎた途端に何らかのアクションがあることは稀だ。相手方の弁護士としても、訴訟するか否かを決断する材料として、まずは相手方の回答を見て判断したいと考えるのが通常だからだ。

とはいえ、依頼者であるマルマエ食料の社長が、1週間という期限を渡過してしまうと不安になることも予測できる。以前失った信頼を回復するためにも、少し早めに回答書を作成すべきだと考えた。

試行錯誤したあげく回答書案を作成した。弁護士1年目の頃は、飯嶋先生も太郎が作成した書面を事細かに手直ししてくれたが、弁護士2年目になった頃から、手直しの量が減ってきた。弁護士としての力量がついてきているのかもしれないと思う反面、チェックの度合いが減ることは、その分太郎にのしかかってくる責任も大きくなることを意味する。太郎がミスをすれば、そのまま依頼者の不利益に繋がるおそれが高まるからだ。

高城販売が主張している業務停止期間2週間という事実も、念のため事実確認をしておくべきだと考えていた。とはいえ、最も重要なのは、本件の損害額が売上高ではなく、限界利益だということだ。高城販売の弁護士も限界利益という聞き慣れない用語を目にして焦るのではないかと内心ほくそ笑んだ。

回答書

平成○年○月○日

高城販売株式会社
代理人弁護士○○○○　先生

回答人　マルマエ食料株式会社
代理人弁護士　飯嶋啓介
同弁護士　遠出太郎

前略

貴職作成にかかる、平成○年○月○日付通知書（以下、「貴職通知書」と言います。）に対し、以下のとおり回答いたします。

……

次に、貴社は、業務停止した２週間分の賠償請求をなされています。しかし、回答人としましては、業務停止の期間が２週間であることが適切であったのか判断できません。そのため、２週間の業務停止が必要であったことを裏付ける証拠をご提示いただきたいと思います。

また、貴社は、業務停止した期間の売上高４億円の賠償請求を行っています。しかし、損害賠償の対象となるものは、売上高ではなく、売上高から変動費を控除した限界利益となります。そのため、貴社における当期間の限界利益を明らかにする資料をご提出いただけるよう要求いたします。

……

太郎は作成した回答書案を飯嶋先生に送った。５分ほど経った後、飯嶋先生が「ちょっと」と声をかけて太郎を呼び出した。

「回答書案、概ねいいと思うんだけれども、この限界利益のところ。」

「はい。何でしょう。」

「前回の説明だと、限界利益から節約可能固定費を控除するケースがあると説明していなかった？」

太郎は、自らが作成した回答書案をのぞきこんだ。そういえばそうだった。限界利益という言葉ばかりに着目していて、固定費でも控除できるものがあるということが頭から抜け落ちていた。

「すみません。確かにそういったケースもあります。」
「まだ相手の決算書も見ていない段階なんだから、可能性を持たせた書き方の方がよくないかな。たとえば、売上高から変動費『等』を控除した利益、とかいうように。」
「確かに、おっしゃるとおりです。」
自分が判例を調べて到達した結論だというのに、そのことをないがしろにしていた。

「それはさておき、回答書の段階では限界利益に言及することはやめておかないか。」
突然の飯嶋先生の提案に太郎は驚いた。
「どういうことでしょう。」
「今はまだ裁判前の交渉段階だ。裁判になって厳密に損害額を突き詰めることになれば、限界利益の話になるだろうが、交渉段階ではできるかぎり損害額が低くなるように交渉すべきだろう？」
確かにそのとおりだ。マルマエ食料の社長としても裁判になることは費用と時間の観点からきっと望んではいない。
「たとえばさ、『売上高から売上原価や経費等を控除した利益』が損害になると主張しておいた方がいいんじゃないのかな。相手方の弁護士が純利益だと誤解する可能性も考えられるし。」
「先生、それはちょっと酷くないですか。」
太郎は、飯嶋先生の発言に驚くとともにとっさに反論した。
「いや。酷くない！」
先生はきっぱりと断言した。
「そもそも、今回のような損害額算定について、純利益が損害であると考える立場もあるんだぞ*。個人的には限界利益の方が合理的だとは思うが、依頼者の利益を最大限擁護するのがうちらの仕事だろう。」

＊46頁参照

知らなかった。限界利益からさらに固定費などを差し引いた純利益を損害とする立場もあるのか。太郎は、西野から教えてもらった限界利益にとらわれて、視野が狭くなっていたことに今更ながら気がついた。学説が割れているのであれば、依頼者の利益が最大となる主張をとることは、弁護士として当たり前のことだ。太郎は自分の調査不足を恥じるとともに、どうして飯嶋先生がこんなに会計に詳しいのかといぶかしんだ。

「とはいえ、この時点で『純利益』が損害だと主張していると、裁判になった時に限界利益の主張を行おうとすると矛盾するおそれがある。だから、単に『利益』と指摘しておいた方がいいと思うぞ。」

全くそのとおりだった。太郎は損害の箇所を書き直し、マルマエ食料の社長の確認を取った上、相手方に発送した。

また、貴社は、業務停止した期間の売上高４億円の賠償請求を行っています。しかし、損害賠償の対象となるものは、売上高ではなく、売上高から売上原価や経費等を控除した利益となります。そのため、貴社における当期間の利益を明らかにする資料をご提出いただけるよう要求いたします。

……Scene 5「訴状」（62 頁）へ続く。

解　説

1 ▪ 証拠の偏在

営業損害に関する証拠は、損害を被った会社の決算書類及びこれらの原資料となることが多い。これらの資料は、当然のことながら、損害を被った会社に存在することになる。また、営業損害が原則として限界利益であり、限界利益を求めるために固定費と変動費の区分を行わなければならないところ、区分を行うための資料もまた、損害を被った会社に存在することになる。

損害賠償請求における立証責任は、原則として賠償請求を行う者に課されている。立証責任とは、裁判をするにあたって、裁判所がある事実の有無につき確信を抱けない場合に、その事実の有無を前提とする法律効果の発生等が認められないことになる一方当事者の不利益を意味する。つまり、損害賠償請求を行う者が、損害額等の立証に失敗した場合、損害賠償請求を行う者が敗訴という不利益を被るのである。

このように、営業損害に関する資料を多く有する者に立証責任が課されているという事態は、一見すると公平なようにも思われる。しかし、営業損害を請求する場面では、営業損害を請求する側が、公平を通り越して有利なことが多いように見受けられる。

既に述べたとおり、営業損害に関する証拠は、決算書類やこれらの原資料になることが多い。しかし、損益計算書は、様々な取引を集計した結果であり、その全ての信憑性を検証することは不可能に近い。また、固定費と変動費の区分は、そもそも困難である上、賠償請求を行う側に有利になるよう区分されるおそれが高い。つまり、営業損害に関する主張や立証には、虚偽が混入するおそれがあるといえる。

一方で、損害賠償請求を受ける側、すなわちディフェンス側としては、手元に損益計算書の原資料等が存在しないことから、営業損害の主張や証拠のどこに虚偽が混入しているのか見抜くことが極めて困難である。また、場当たり的に原資料の開示請求を行ったとしても、その分量は膨大となり、資料の検討が事実上できないことも想定される。また、資料が膨大であるが故に、開示を拒否されるケースも往々にして見られる。

このように、営業損害訴訟においては、ディフェンス側に開示されている損益計算書やこの原資料などを分析し、疑わしいと思われる事項を的確に指摘し、必要な資料の開示を求める能力が要求されることになる。

2 ▪ 回答書

⑴　作成者側の注意点

＞回答時期

営業損害の賠償請求を行う旨の通知には、一定期間内に支払を求める、もしくは回答を求めるという要求がなされていることが通常である。ところが、営業損害の反論書を作成するためには、時間をかけて財務資料の検討を行う必要がある。そのため、通知書に記載されている期限内に回答書を作成できない見込みである場合には、あらかじめ相手方に回答書の提出が遅れる旨を伝えておいた方がよいだろう。

＞ロジック

ストーリーでは、営業損害として得られるはずであった売上高がそのまま損害額として記載されていた。商品を販売する卸業や小売業では売上原価が計上されるため、このロジックは明らかに誤っている。このようなロジックを立てている場合に反論を行うことは難しくない。しかし、賠償請求を行う通知書に営業損害額の算定ロジックが記載されていない場合や、曖昧に記載されている場合も散見される。このような傾向は、会社全体の営業停止ではなく、一部のプロジェクトが停止した場合など、容易に決算書から損害額を導くことができない場合に強まる。

ロジックが誤っている場合や不明瞭である場合には、いずれにしろ双方の認識が正しいロジックになるよう主張反論を行う必要がある。もっとも、営業損害の論点には議論の余地があること、固定費と変動費の区分を行うことは困難であることなどの事情により、双方のロジックが完全に一致することは稀だと考えられる。

回答書を作成する際に用いたロジックを訴訟において変更することは、通常困難を来す。ストーリーでも言及されているが、回答書で純利益が損害額であると主張しておきながら、訴訟において限界利益が損害額であると主張を転じれば、裁判官の心証に悪影響を与えることも十分考えられる。そのため、訴訟に至る可能性がある場合には、回答書が訴訟で証拠として提出されることになったとしても矛盾が生じることがないよう、ロジックや会計用語に誤りがないか十分検討を行う必要がある。

＞資料開示

通知書が届いた段階では、損益計算書をはじめとする営業損害に関する資料の多くは、賠償請求を行う側に存在している。これらの資料を添付した上で賠償請求が行われるケースも考えられるが、これらの資料が反論材料に用いられるおそれがあることからすれば、このようなケースは稀だと考えられる。そのため、回答書作成の段階では、相手方に対して資料開示を求めることが一般的な作業となる。

営業損害を検討するための資料としては、通知書に記載された損害額を算定するために必要となる損益計算書のみでは足りない。既に述べたとおり、営業損害は原則として限界利益であることからすれば、固定費と変動費を区分するための資料も必要となる。また、決算書そのものの信憑性が疑われる場合には、決算書を作成する元となった原資料の開示も必要となる。相手方に開示を求める資料としては、以下のようなものが考えられるが、会社によって整備している資料の種類が異なるため、必ずしもこれに限られない。

- 納税申告書一式（決算書及び科目明細も含む）
- 月次損益計算書
- 科目明細
- 総勘定元帳
- 決算書を作成するための原資料

いずれの資料も単年度ではなく、過去数年にわたって存在すれば、季節変動やこれらの資料の信憑性などを検討する材料となり得る。一方で、これらの資料は通常機密情報であり、量が膨大である上、開示すればするほど反論の材料となり得ることからすれば、賠償請求を行う側が任意にこれらの資料の開示を行うことは考えにくい。損害算定を行う上で必要最低限の決算書の開示がなされることはあるとしても、それ以外の詳細な資料の開示に応じてくれることは稀であろう。

⑵　受領者側の注意点

＞資料開示

いったん資料を開示してしまうと、開示した資料に記載されている内容が誤っていたと判明した場合であっても、その資料の信憑性を疑われるおそれがあるため、誤っていた事実を訂正することが困難になる。そのため、資料開示を行う際には、当該数値を後日変更するおそれがないかという点につき、細心の注意を払う必要がある。

相手方が弁護士を選任して回答書を送付してきた場合、訴訟に発展するおそれは高いといえる。訴訟前の和解の余地が乏しいにもかかわらず、相手方の言うままに資料の開示を行っていると、訴訟に至った際に複数の反論材料を相手方に保有されていることになりかねない。そのため、相手方が弁護士を選任し、訴訟前の和解の余地が乏しい場合等では、積極的に資料開示に応じることは好ましくないと言えよう。もっとも、何も資料を開示しないと、すぐに交渉が行き詰まりかねない。そのため、交渉を進めるために必要最低限の資料開示に応じることも検討する必要がある。

＞再度の回答書

相手方と訴訟前の和解の余地があるのであれば、再度の回答書を送付して、双方の意見のすり合わせを図ることに合理性がある。一方で、相手方から全面拒否の回答書が送付されてきた場合などには、たとえ再反論書面を送付したところで訴訟前の和解の余地は乏しい。このような場合には、特段の事情がない限り速やかに訴訟提起を行い、裁判所によって紛争解決を図るべきであり、再反論書面の送付は必要とは言えない。

Scene 5

訴状

回答書を発送してから1か月が経過した。発送してから1週間くらいは気になっていたものの、それ以降は日々降ってくる案件の処理に追われ、マルマエ食品の件は徐々に記憶の片隅に追いやられていた。そんな最中、マルマエ食料の社長から電話がかかってきた。

「先生。裁判所から何か書面が届きました。」

途端に血圧が上がった。先方は通知書でのやり取りを拒否して、訴訟に移行したらしい。どうりで反応がないわけだ。

「社長。落ち着いてください。おそらく訴状でしょう。」

「はい。訴状と書かれた紙が入っています。まさか高城さんが訴えてくるとは……。」

「訴状で請求されている金額はいくらになっていますか。」

太郎は一番気になっていることを単刀直入に聞いた。

「ええと。この訴訟物の価額と書かれているところですか。1億6000万円くらいです。」

太郎は無言でガッツポーズをしながら話を続けた。

「4億円からかなり下がっていますね。どのような内容になっているのか拝見したいので、写しを送っていただけますか。」

「先生のご都合が良いのでしたら、これから持参しますよ。午後のご都合はいかがですか。」

太郎はいったん電話を保留にして飯嶋先生の予定を確認しに行った。先生はあいにく午後外出となっていた。そのことをマルマエ食料の社長に伝えたが、社長は太郎のみで構わないということで、午後2時に事務所に来てもらうことになった。

◉

午後２時ちょうどに社長が来所した。太郎が席に着くなり、社長がカバンから茶色の封筒を取り出した。封筒の正面下部に裁判所の印字が記されている。

社長は訴状を封筒の中から取り出すと、それをそのまま太郎に手渡した。太郎は無言で訴状を広げた。

訴　　状

平成○○年○月○日

東京地方裁判所民事部　御中

原告訴訟代理人弁護士　　△△△△

〒○○○　○○○○

原　　　告　　　高城販売株式会社

代表者代表取締役　　○○○○

〒○○○　○○○○

△△法律事務所（原告送達場所）

原告訴訟代理人弁護士　　△△△△

TEL ○○－○○○○－○○○○

FAX ○○－○○○○－○○○○

〒○○○　○○○○

被　　　告　　マルマエ食料株式会社

代表者代表取締役　　○○○○

損害賠償請求事件

訴訟物の価額　　金１億 6425 万円

ちょう用印紙額　金 51 万 5000 円

第１　請求の趣旨
　１　被告は、原告に対し、金１億 6425 万円及びこれに対する本訴状送達日の翌日から支払済みまで年 6%の割合による金員を支払え。
　２　訴訟費用は、被告の負担とする。
　３　仮執行宣言

第２　請求の原因
……

「請求金額は１億 6425 万円ですね。」
そう言ったところで、太郎は異変に気がついた。
「あれっ。高城販売の代理人はこの弁護士でしたっけ？」
「えっ。弁護士さんですか。」
太郎が以前高城販売から送られてきた通知書と照らし合わせてみると、訴状に記載されている弁護士と異なっていた。どうして代理人が変わったのだろうと疑問に思いつつも、太郎は請求の原因欄を読み進めた。
ざっと目を通したところ、当初の請求額４億円から１億 6425 万円に減額された理由は、商品の売上高から売上原価を控除した金額を損害としているからだと分かった。しかし、売上原価以外の変動費は控除していない。この訴訟で一番の争点はここになると確信した。

「高城販売は、こちらの反論を受けて、売上高ベースの請求をやめ、売上原価を控除してきましたね。だから、請求額が２億 4000 万円ほども下がったのですね。」
太郎は請求額が減ったのは、自分の成果であることをさりげなくアピールした。
そう言いながらも訴状を読み進めていると、以前通知書を作成した高城販売の弁護士よりも、訴状を作成した弁護士は会計に詳しい様子がうかがえる。そのとき太郎の脳裏に一つの仮説がひらめいた。

「社長。もしかしたら、高城販売の以前の弁護士は会計数値の理解が乏しかったので、別の弁護士に交代させられたのかもしれませんね。」

「えっ、どういうことですか。」

「以前の弁護士は、売上高ベースで損害賠償請求を行っていたじゃないですか。あれは常識的に考えてもおかしいと思うのです。売上原価は当然控除しなければならないので。そのことを指摘した私たちの回答書を見て、高城販売の社長が以前の弁護士を追及したのではないでしょうかね。」

「なるほど、ということは今回の弁護士は以前の弁護士よりも会計に詳しい人なのかもしれませんね。」

確かに、社長が考えているとおりだった。以前の弁護士のままだったらよかったのにと、太郎は残念に思った。

「ところで、請求額がグッと減ったのはよかったのですが、1億6000万円にしてもまだ当社にとっては莫大な金額です。争う余地はあるのでしょうか。」

「あります。」

太郎は力強く即答した。

「先日もご説明しましたように、売上が発生しなかったことにより支出を免れた経費、つまり変動費は損害額から控除すべきなのです。訴状では売上原価のみ控除していますが、経費の中にも変動費は存在するはずです。」

「そうなのですか。具体的にどのくらいまで減りそうですか。」

そう言われて、太郎は内心ドキッとした。変動費、変動費と言っていたものの、どれが変動費なのかという具体的な検討はこれまで行っていなかったからだ。

「ええと。訴状と一緒に決算書が証拠として提出されていないかな。」

太郎は裁判所から送られてきた封筒を社長から受け取ると、その中の書類をパラパラとめくった。赤いハンコが押された甲１号証から順にめくっていくと、甲６号証が平成28年２月の高城販売の月次損益計算書となっていた。

「これですね。」

そう言って、太郎は月次損益計算書を社長の前に置いた。

月次損益計算書

平成 28 年 2 月

高城販売株式会社　　（単位：円）

科目	金額
売上高	792,545,000
売上原価	464,045,000
売上総利益	328,500,000
販売費及び一般管理費	
旅費交通費	14,560,000
広告宣伝費	36,466,000
通信費	18,224,000
接待交際費	12,420,000
給料手当	113,054,000
雑給	24,003,000
光熱費	15,230,000
発送費・配達費	25,334,000
減価償却費	24,433,000
地代家賃	35,440,000
雑費	5,334,000
営業損益	4,002,000
営業外収益	
受取利息	253,000
受取配当金	21,000
雑収入	24,000
営業外収益合計	298,000
営業外費用	
支払利息	1,445,000
雑損失	354,000
営業外費用合計	1,799,000
経常損益	2,501,000
特別利益	
固定資産売却益	245,000
投資有価証券売却益	0
特別利益合計	245,000
特別損失	
固定資産売却損	124,000
減損損失	0
特別損失合計	124,000
税引前当期純損益	2,622,000

「これは、業務停止を行った３月の前月の損益計算書ですね。２月の売上総利益が３億 2850 万円で、これを日割りして２週間分に割り戻した金額が

請求されている1億6425万円のようですね。」

「そのようですね。ところで先生、この勘定科目の中でさらに控除できる経費はどれに当たるのですか。」

「そうですね……。」

そう言って、太郎は損益計算書に目を落とした。実は社長が口にした「勘定科目」という用語を太郎は知らなかったのであるが、おそらく損益計算書の各項目のことだろうと思い、表面上は冷静さを保っていた。

旅費交通費、広告宣伝費、通信費……。一体どれが変動費にあたるのか、皆目見当がつかなかった。とその時、給与手当の項目が目に留まった。

「たしか本件では営業停止になっていたのですから、給与を全額支払っていない可能性がありますよね。だから、その分の給与は節約できているはずです。」

「なるほど。ということはその給与分が控除できるのですね。この金額は大きいので影響がありそうですね。」

社長は興奮して机に前のめりになった。

「また、その下に雑給という項目があります。これが何を意味しているのか分からないのですが、これも給料だとすれば控除できそうですね。」

太郎は思いつきで言葉を繋いだが、社長は損害額が減る可能性があると知り、かなり気をよくした様子であった。けれども、本当に営業停止の間、給料を支払っていなかったのだろうかと、太郎は不安に思った。

「とはいえ、現段階では訴状を拝見したばかりですので確定的なことはお伝えできません。まずは、訴状と証拠を精査してこの点を検討してみたいと思います。」

その場を取りつくろったが、実際のところこの項目のうち何が変動費なのか皆目見当が付かなかった。また西野に助けを求めるしかないのかなと、漠然と考えていた。

……Scene 6「答弁書」（77頁）へ続く。

解　説

1 ▪ 訴状

⑴　作成者側の注意点

＞訴訟提起すべきか

営業損害の賠償請求を行う訴訟は、多くの訴訟類型の中でも専門的な部類に含まれると考える。そのため、通知書による請求レベルであれば弁護士に依頼しなかったとしても、訴訟提起を行うのであれば弁護士を選任すべきである。また、営業損害を巡る訴訟は、解決までに大量の財務資料を検討することになるため、長期化する傾向にある。これらの弁護士費用や解決までの時間を考慮に入れて、訴訟提起すべきか否かを検討する必要がある。

実際の判断は弁護士との協議により決まることになろうが、限界利益によって算定した営業損害の金額が高額でないのであれば、訴訟提起によるのではなく、訴訟前の和解により解決すべきであろう。

＞ロジック

通知書レベルであれば、営業損害を求めるロジックが記載されていなかったり、不明瞭であっても、賠償請求自体は可能であった。しかし、訴訟提起を行うのであれば、営業損害額がどのようにして算出されるのかというロジックを分かりやすく訴状に記載しなければならない。このロジックが不明瞭であったり、論理的に破綻している場合には、書記官が事前に行う訴状審査において指摘を受けることになる。

また、訴状で主張していたロジックを後日修正することは、訴訟前の通知書において採用していたロジックを訴訟段階で変更するよりも困難を伴う。民事訴訟には、「自白[2]」（民事訴訟法179条）というルールが存在し、その撤回は原則として許されない。また、「自白」が成立しなかったとしても、当

[2]「裁判所において当事者が自白した事実及び顕著な事実は、証明することを要しない。」（民事訴訟法179条）

初主張していたロジックを訴訟が進行した段階で変更することは、それまでの訴訟手続の結果を無駄にするおそれがあり、裁判官の心証に悪影響を及ぼすことが予測される。

なお、訴状作成段階において、必ずしも限界利益を損害額として請求すべきというわけではない。原告側としては、理論上無理がない範囲内で、最大限有利な主張を行うべきである。固定費と変動費の区分は、そもそも困難を伴うものであること、経費が全て固定費であることも考えられることからすれば、明らかな変動費である売上原価を控除した売上総利益ベースで訴訟提起することにも合理性が認められる。

このように、訴状作成段階では、訴訟前と比較して、より綿密にロジックを検討する必要がある。

＞根拠資料

原告は、訴状とともに請求額を基礎づける証拠を提出しなければならない。請求額が売上総利益である場合には、原則として直前の損益計算書が証拠になると考えられる。特段、売上高又は利益率の変動、季節変動等が生じることのない会社である場合には、前年度の売上総利益率を参考にして、損害額算定が行われることになる。一方で、売上高又は利益率の変動、季節変動等が生じている会社では、これらの事実を明らかにする資料も提出する必要がある。

また、訴状の段階で限界利益の請求を行うのであれば、経費のいずれが固定費か変動費かを明らかにする証拠を提出する必要がある。訴状を作成する原告側では、最大の損害額を請求しようと考えるため、経費が固定費に当たることを示す資料を提出することになるだろう。なぜなら、経費が変動費に当たる場合には、当該経費を限界利益算定時に控除しなければならず、結果として損害額が減額する反面、固定費であれば控除対象とならないからである。

⑵　受領者側の注意点

＞弁護士の選任

裁判所から訴状が届いたのに答弁書を提出せずに放置しておくと、欠席判決という、訴状の内容がそのまま認められた敗訴判決を受けることになる。そのため、訴状が届いた場合に放置することは厳に慎まなければならない。

民事訴訟では、必ずしも弁護士を選任せず、本人で対応することもできる。しかし、営業損害の訴訟対応は、比較的高度な主張立証が繰り広げられることになるため、請求額が著しく低額であるなどの事情がない限り、原則として速やかに弁護士を選任すべきである。

＞ロジック

まずは、どのようなロジックに基づいて損害額の主張を行っているのかを把握する必要がある。売上高、売上総利益、限界利益のいずれの請求なのかを的確に把握する必要がある。また、場合によっては固定費を損害として請求しているケースもあるため（167 頁参照）、それが本当に正しい営業損害のロジックなのかを十分検討しなければならない。

営業損害の請求を行う場合には、営業停止等がなければ将来得られた利益という意味で、損害額算定に推定的要素が含まれる。たとえば、前年度と同程度の売上高と利益が見込まれるなどといった推定である。そのため、どのような推定が行われているのか、推定の元となっている根拠には信憑性が認められるのかなどを検討する必要がある。

＞証拠

訴状には、通常請求額を基礎づける証拠が付されている。まずは、これらの証拠によって本当に請求額が裏付けられているのかを確認する必要がある。証拠と主張との間に論理の飛躍があることは往々にして見られる。

次に、提出された証拠に信憑性が認められるのかを検討する必要がある。原則として、決算書をはじめとする財務資料は、会社が自ら作成するものである。必ずしもその裏付けが存在するか否かは定かでない。損益計算書のような決算書についても、納税申告書に添付されたものでなければ、会社が内容を改ざんしているおそれがある。そのため、まずは改ざんされているおそれが一番低い財務資料である、税務署受領印がある納税申告書をスタートにして証拠の信憑性の検討を行う必要がある。単に決算書として、損益計算書等が証拠として提出されている場合には、それが正しいと鵜呑みにするのではなく、納税申告書添付の決算書と同一であるのか検証しなければならない。

なお、月次損益計算書やセグメント損益計算書などの資料の大半は、社内で独自に作成しているものであり、内容の信憑性は担保されていない（月次損益計算書の一部の項目は、納税申告書の法人事業概況説明書に記載があり、そこで信憑性を確認することもできる。）。損害賠償請求訴訟では、請求額を最大にするため事後的にこれらの資料を作成することも考えられるため、これらの資料の信憑性については訴訟手続を通じて検証する必要がある。

これらの資料の信憑性検証には、資料に応じて様々な手法が考えられる。たとえば、各期や各月の粗利率、売上高経費率、回転期間等を分析し、異常性がないかを確認するという方法も考えられる。また、各科目について増減分析を行うことも考えられる。実際には、損益計算書のみを検証するのではなく、貸借対照表を分析することで異常性が検出されることの方が多い。この点は、粉飾決算や会計上の不正が認められないかを監査する、公認会計士の専門分野である。そのため高額の営業損害を請求されている場合などには、公認会計士の助力を得て財務資料の信憑性検討を行うことも有用であろう（詳細は128頁参照）。

2 ■ 勘定科目

勘定科目とは、現金や売掛金など複式簿記の仕訳や財務諸表などに用いる表示金額の名目をあらわす科目である。勘定科目の意味を把握しておかなければ、固定費と変動費のイメージがつきにくい。また、費用収益以外の資産負債等の科目も、費用収益と表裏の関係にあるため、ある程度の内容は把握しておく必要がある。以下は代表的な勘定科目の例示である。

〈資産の部〉

現金	金庫内やレジなど、会社に実際に存在する現金。
当座預金	手形又は小切手の支払のための預金。
普通預金	いつでも預入及び支払が可能な預金。
定期預金	あらかじめ満期日を設定し、満期日までは原則として引き出せない預金。
受取手形	得意先との間の営業取引に基づいて発生した手形債権。

売掛金	営業上の取引において、販売又は役務提供後に代金が未回収となっている場合に、得意先に対して保有する債権。
有価証券	金融商品取引法2条1項及び2項(1号及び2号を除く)に定められた有価証券。
商品	商業を営む企業が販売の目的をもって所有する物品であり、当該企業の営業主目的にかかるもの。
製品	工業、鉱業その他商業以外の事業を営む企業が販売の目的をもって所有する製造品その他の生産品であって、当該企業の営業主目的にかかるもの。
原材料	製品の製造目的で費消される物品で未だその用に供されないもの。
仕掛品	製品、半製品又は部分品の生産のために現に仕掛中のもの。
貯蔵品	消耗品、消耗工具、器具備品等で販売活動及び一般管理活動において短期間に費消される資産。
繰延税金資産	税効果会計の適用により、一時差異等にかかわる税金の額のうち、将来の会計期間において回収又は支払が見込まれない税金の額を除いた額。
短期貸付金	金銭消費貸借契約等に基づく債権であり、貸借対象日の翌日から起算して1年以内に回収期限が到来するもの。
前渡金	商品や原材料等の購入のために、物品の引渡前に金銭を渡している場合の支出。
預け金	他者に金銭を一時的に預けているときに用いる科目。
前払費用	一定の契約に従い、継続して役務の提供を受ける場合、未だ提供されていない役務に対し、支払われた対価。
立替金	他者の負担すべき債務や費用等を立替え払いした場合に用いる科目。
未収入金	債権であるが、営業上の未収金である売掛金や貸付金等の内容を特定できるものと異なり、雑多な内容から発生するもの。
未収収益	一定の契約に従い、継続して役務の提供を行う場合、既に提供した役務に対して未だその対価の支払いを受けていないもの。
建物	屋根及び周壁又はこれに類するものを有し、土地に定着した構造物。
機械装置	営業目的のために使用している、機械、装置、コンベヤー、重機及びこれらの付属設備。
運搬具	営業目的のために使用している、船舶、水上運搬具、鉄道車両、自動車その他の陸上運搬具及び航空機。
土地	営業目的のために使用している土地。
電話加入権	電話加入契約に伴い電話役務の提供を受ける権利。
ソフトウェア	コンピュータを機能させるように指令を組み合わせて表現したプログラム等。
のれん	企業結合において被取得企業又は取得した事業の取得原価が、取得した資産及び引き受けた負債に配分された純額を超過する額。
投資有価証券	売買目的有価証券、1年内に満期が到来する有価証券、関係会社株式、関係会社社債、その他の関係会社有価証券以外の有価証券。

長期貸付金	貸付金のうち、回収期限が貸借対象日の翌日から1年を超えて到来するもの。

〈負債の部〉

支払手形	通常の営業取引に基づいて発生した手形債務。
買掛金	通常の営業取引に基づいて発生した債務。
短期借入金	金融機関等から金銭を借り入れた場合の債務のうち、返済期限が1年以内のもの。
未払法人税等	事業年度に発生した法人税、住民税及び事業税のうち未納付額。
貸倒引当金	貸倒見積高に基づいて算定された、債権に対する評価勘定。
賞与引当金	決算期末に賞与の支払期日又は支給対象期間の末日が未到来の場合に、期間損益計算の適正化の観点から、当期に帰属する賞与分を引当計上したもの。
未払金	通常の取引に関連して発生する未払額で、一般の取引慣行として発生後短期間に支払うもの、及び固定資産の購入又は有価証券の購入その他通常の取引以外の取引により発生した未払金で、1年以内に支払うもの。
未払費用	一定の契約に従い継続して役務の提供を受ける場合、既に提供された役務に対して未だその対価の支払が終わらないもの。
前受金	企業の主たる営業目的の取引において、商品、製品の引渡又は役務の提供完了以前に代金を前受した場合のその前受額。
預り金	役員、従業員や得意先等から、一時、金銭等を預り、後日その者又は第三者にこれを返還すべき債務。
前受収益	一定の契約に従い、継続して役務の提供を行う場合、未だ提供していない役務に対し支払を受けた対価。
長期借入金	借入金のうち、返済期日が1年を超えた後に到来する部分。
リース債務	ファイナンス・リース取引における債務。
繰延税金負債	税効果会計の適用により、企業会計上の損益が税務上の将来加算一時差異として処理され、税務上の当期課税所得や納付税額が減少する場合に生ずる負債。
退職給付引当金	一定の期間にわたり労働を提供したこと等の事由に基づいて、退職以後に従業員に支給される給付のうち、現在までに発生したと認められる額について現在価値に割り引いた額。
資産除去債務	有形固定資産の取得、建設、開発又は通常の使用によって生じ、当該有形固定資産の除去に関して法令又は契約で要求される法律上の義務及びそれに準じるもの。

〈純資産の部〉

資本金	設立又は株式の発行に際して株主となる者が払込み又は給付した財産のうち資本準備金以外のもの。
資本準備金	株式の払込金額のうち資本金に組み入れなかった金額等、資本準備金として積み立てることが必要とされているもの、及び剰余金の配当時に資本準備金として積み立てたもの。
その他資本剰余金	資本準備金及び法律で定める準備金で資本準備金に準ずるもの以外の資本剰余金。
利益剰余金	利益を源泉とする剰余金。
利益準備金	利益剰余金の配当を行う際に積み立てられた利益留保額。
任意積立金	会社が独自の判断に基づき積み立てるもの。
繰越利益剰余金	その他利益剰余金のうち、任意積立金のように株主総会決議に基づき設定される項目以外のもの。
自己株式	株式会社が自社が発行している株式を取得し保有している場合の株式。
その他有価証券評価差額金	時価のあるその他有価証券を時価評価することにより生じた評価差額。
新株予約権	権利の保有者が会社に対し権利行使することにより、会社からあらかじめ定められた条件で新株又は会社の有する自己株式を取得することのできる権利。

〈費用収益〉

売上高	企業の事業目的である商品及び製品を販売したことに伴う販売高、役務を提供したことに伴う役務収益。
売上原価	企業の事業目的である商品及び製品売上高、役務を提供したことに伴う役務収益に対応する原価。
販売手数料	製品、商品を販売する際及び役務を提供する際に外部の業者に支払う手数料。
販売促進費	販売を促進し売上高の増大を図るために支出する費用。
発送運賃	製品、商品を販売する際に運送するために要した費用。
保管料	製品、商品等の保管を外部の倉庫業者へ委託した場合に、当該倉庫業者に支払う費用。
役員報酬	取締役、監査役等の役員に対して定期的に支給される報酬であり、役員賞与及び役員退職慰労金以外のもの。
役員賞与	取締役、監査役等の役員に対して臨時的に支給される報酬で役員退職慰労金以外のもの。
役員退職慰労金	取締役、監査役等の役員が退任した場合に支払われる退職慰労金。
給与手当	正社員等の従業員に支払った給与。
雑給	販売業務及び一般管理業務に従事するアルバイト、パートタイマー及び契約社員等の臨時雇用者に支給される給与。

賞与	販売業務及び一般管理業務に従事する従業員等に支給される賞与を処理する科目。
退職給付費用	従業員の退職給付制度において企業が負担する費用。
法定福利費	販売業務及び一般管理業務に従事する従業員の福利厚生のために支出する費用のうち、労働基準法、労働災害補償保険法、健康保険法、厚生年金保険法、雇用保険法等の法律に基づいて従業員のために事業主が強制的に負担する必要がある費用。
福利厚生費	販売業務及び一般管理業務に従事する従業員の福利厚生のために支出する費用のうち、法定福利費で処理されるもの以外の費用。
広告宣伝費	自社の取扱製品、商品、企業名又は企業イメージ等を不特定多数の者に周知させ、購買意欲を起こさせる効果を期待して行う諸活動にかかる支出。
交際費	営業目的その他の目的のために、接待及び交際のために支出した費用。
旅費交通費	業務を遂行するために従業員又は役員が移動・出張した場合に、企業が負担する運賃・宿泊費等。
通信費	電話代、郵便代、光ケーブルや衛星通信の利用料等の通信のために要する費用。
保険料	商品などの棚卸資産、現金、有価証券、建物、工具器具備品等の有形固定資産等の不測の損害に備えて付保する火災保険料、盗難保険料、自動車の車両保険料等。
賃借料	本社、支店、営業所等で使用する目的で他の者が所有する建物、土地等の不動産を賃借した場合や、機械、器具備品等を賃借した場合に支払う費用。
水道光熱費	電気代、水道代及びガス代等の費用。
消耗品費	有形固定資産には計上されない金銭的に重要性のない消耗工具器具備品、事務用品消耗品等の購入、使用に伴って発生する費用。
会議費	企業の業務に関連して社内ないしは取引先と会議を実施する場合の費用。
支払手数料	企業の業務遂行にあたって特定の業務を外部の第三者に委託した場合に、業務遂行の対価として当該第三者に支払う手数料。
修繕費	販売業務及び一般管理業務のために保有する有形固定資産の修繕維持のために支出する費用。
租税公課	企業に課される法人税、住民税及び事業税のうち所得割以外の税金。
減価償却費	有形・無形固定資産について、減価償却を実施することにより計上した費用。
貸倒引当金繰入額	貸倒引当金を計上する際に発生する費用。
貸倒損失	営業債権にかかる貸倒発生額が営業債権にかかる貸倒引当金残高を超えて発生した場合の費用計上額。
雑費	特定の費用科目に該当しない販売費及び一般管理費であり、金額的重要性が乏しいもの。

受取利息	預貯金の利子、公社債等の利息、合同運用信託及び公社債投資信託の収益の分配、貸付金の利息等。
受取配当金	株式の配当金、協同組合からの配当金、持分会社からの配当金及び証券投資信託の収益の分配金等。
有価証券売却損益	有価証券を売却した際に生じる売却収入と帳簿価額の差額。
支払利息	短期借入金及び長期借入金に対して支払う利息。
固定資産売却損益	固定資産を売却した際に生じる売却収入と帳簿価額の差額。
固定資産除却損	建物、機械装置、車両等の固定資産の除却により生じた損失。
減損損失	固定資産の減損にかかる会計基準の適用により、固定資産に減損を認識した際に生じる損失。

Scene 6

答弁書

午後10時。太郎は誰もいない事務所で、高城販売の訴状に対する答弁書を作成するため、パソコンの前に座っていた。けれども、一向に筆が進まない。時折、訴状を読み返してみるが考えがまとまらない。頭をかきむしった後に気持ちを落ち着かせ、再度考えを整理してみることにした。

まず目標としては、現在請求されている1億6425万円から変動費をさらに控除して、限界利益を明らかにしなければならない。その上、可能であれば節約可能固定費も控除することにより、損害額を最小限に留めなければならない。これはハッキリしている。しかし、この結論に至るためにどのような反論や求釈明を行えばよいのだろう。

率直に「経費のうち、変動費に当たるものを明らかにしろ」と釈明を求めたとしても、「回答の必要なし」とか、「全て固定費である」などと木で鼻をくくったような回答がなされることが予測される。具体的な資料を提出させて、それをこちらで分析することによって変動費がどれか突き止めることができればよいのだが、一体どんな資料を要求すればよいのだろうか。

しかたない。西野大先生に頼るしかないか。携帯を取り出して西野に「例の件でまた教えて欲しいことがあるのだけれども、いいかな。」とメールを送った。

2、3分後に西野からの着信があった。太郎はあわてて携帯の通話ボタンを押した。

「どうしたの。」

少し不機嫌そうな西野の声に、太郎は驚いた。

「えっ。いや、あのさ。以前西野に教えてもらった4億円請求の事件、あれって裁判になっちゃったんだよね。」
「そうなんだ。」
「それで、今訴状に対して反論書を作成していたんだけれども、変動費のあたりがよく分からないからもう一回教えてほしいんだ。」
「何を教えればいいの？」
いらだちを抑えているような声だ。
「えっ。いや先方の資料を見ながらじゃないと説明が難しいんだけれども……。」
しばらく沈黙があった後、西野から返答があった。
「今職場？　だったら、これからうちの法人のオフィスに来てくれない。まだしばらくいる予定だから。」
「わかった。」
と太郎が言うのと同時に電話は切られていた。何かまずいときに連絡しちゃったかなと後悔した。

◉

西野が勤める監査法人は丸の内にある。以前西野からもらった名刺を頼りにタクシーを走らせた。10分ほどで目的のビルに到着した。かなり新しい高層ビルで、深夜にもかかわらず、だだっ広いフロントには入館チェックを行う担当者が2名ほど作業を行っていた。フロア案内を見てみると、その監査法人は35階建てのビルの8フロアも占めていた。太郎は自分が勤務しているこぢんまりとした事務所を思い描き、居心地の悪さを感じた。西野をうちの事務所に呼ぶのはやめようと心に誓った。
フロントの担当者に監査法人に用があると告げたところ、監査法人の受付である23階に行くことができるカードのようなものをもらった。説明を受けたとおりエレベータにそのカードをかざすと、自動的に23階のランプが表示された。23階に到着してエレベータのドアが開くと、ガラス張りのオシャレなオフィスが眼前に広がった。

監査法人の受付には、さすがに午後10時を回っているため誰もいなかった。西野に「受付に着いたよ。」と電話したところ、「ちょっと待ってて。」とだけ返答があった。2〜3分受付の様子を観察しながら待っていたところ、大学生くらいに見える神経質そうな男性が中から出てきて太郎に話しかけた。

「遠出さんですか。」

「はいっ。そうです。西野さんと待ち合わせで。」

てっきり西野本人が出てくると思っていたため、突然の男性の声掛けに驚いた。

「それでは、西野が来るまで奥の部屋でお待ちください。」

と言われて、先導されるがまま若い男の後に続いた。

すりガラスで仕切られた大小のミーティングルームが左右にいくつも配置されている。太郎は、なんてすごいオフィスで西野は働いているんだと驚嘆しつつも、浮き足立ってはみっともないと思い、平静を装った。

10名ほど入るミーティングルームに太郎を通すと、若い男はそそくさと立ち去ってしまった。高価そうな椅子の座り心地を確かめながら、うちの事務所もいつかはこれくらい大きくなる日が来るのかなと思いを馳せていた。

5分ほど経った頃、西野がミーティングルームに現れた。

「変動費が分からないって言っていたけれども、どういうこと？」

西野は座るなり単刀直入に本題に入った。電話越しでの対応でもそうだったが、少しいらついているようで、焦っている感じもうかがえた。確かに、午後10時過ぎまで職場に残っているということは、急ぎの仕事があるのだろう。

「忙しいところごめんね。別の機会にしようか。」

「せっかく来たんだし、今解決しなきゃ二度手間だよ。」

そのとおりだ。早く要点を告げようと思い、カバンの中から訴状と証拠を取り出した。

「以前は売上高の4億円が請求されていたのだけれども、裁判では売上原価を控除した約1億6000万円の請求に変わったんだ。」
「うん。それで？」
「経費の中の変動費も控除対象にしたいと考えているのだけれども、どれが変動費か教えてくれないかな。」
そう言って太郎は、先方が提出した月次損益計算書を西野に見せた。西野がその書類に目を落とした時に、先ほど受付に来た若い男がノックしてミーティングルームに入ってきた。片手には開かれたノートパソコンを載せている。
「すみません、マネージャー。お話し中申し訳ありませんが、ちょっとお時間よろしいですか。」
「何？　ここでいいから話して。」
若い男は太郎のことをちらっと見た後、話し始めた。
「この繰延税金資産の数値が何度検証しても会社数値と合わないのですが。」
「どこ？」
そう言って、西野は男が手にしているノートパソコンをのぞきこんだ。大学生のスタッフだと思っていた男が会計士らしいということにも驚いたが、西野が上司として若い男に指示しているのにも驚いた。太郎は西野とその男の会話内容を外国語でも聞いているかのように全く理解することができなかった。
30秒ほどノートパソコンを操作していた西野が若い男に鋭く告げた。
「ほらここ！　このセルの税率が当期の数値に更新されていない。もう、こんなことに一体何分時間使ってたの？」
「すみません。」
若い男は申し訳なさそうにうつむいた。可哀そうにと思う一方で、西野ってこんなに怖かったんだと思い改めた。
「あのぉ。もう一つ質問があるのですが。」
若い男はなおもその場にたたずんで言った。
「ちょっと待ってて。で、太郎君。このPL以外に資料ないの？」

「えっ？」

突然お鉢が向けられ、太郎はかなり動揺した。しかも、部屋の入口では若い男が話を聞いている。太郎は恥をさらしたくないなと思いながらも、西野との会話を進めた。

「資料って、決算書のようなもの？」

「そう。1月分のPLがあっても、何が変動費かなんて分からないでしょ。」

PLというのが損益計算書を意味していることは、会計に疎い太郎であっても分かった。しかし、西野が何を意図しているのか、太郎はさっぱり分からなかった。

「どういうこと？」

そう尋ねたところ、西野は驚きの表情を浮かべた。

「ねえ。太郎君。太郎君は弁護士なんだよね。だとしたら、プロとして可能なかぎり調べなきゃいけないんじゃないの。」

「……。」

「変動費と固定費についてあれから調べた？　調べてないんじゃない？何でも私に聞くんじゃなくて、ちょっとは自分で調べてみたら？」

突然の西野の指摘に太郎は激しく落ち込んだ。そのとおりだった。自分が会計に詳しくないことを言い訳に、全く変動費と固定費について調べもしなかった。ふと気になって若い男の方に目を向けた。若い男は、「この人弁護士なんだ」という驚きとともに、「弁護士なのに怒られている」という表情を浮かべていて、目が合った瞬間に双方とも目をそらした。

「太郎君、ちょっと待っててね。」

そう言うと西野は若い男を連れて、元来た仕事場の方に行ってしまった。

独りミーティングルームに残され、太郎は茫然自失の状態となっていた。そういえば、飯嶋先生もプロなんだから自分で調べつくしてから質問しろとよく言っていたな。どうして今回は全く調べなかったんだろうと深く落ち込んだ。

10分経ち、20分経ったが西野は戻ってこない。だんだんと不安になってきた。「もしかして西野は俺のことを忘れてないか？」「俺に愛想尽かして顔も見たくないということか？」あれこれ考えをめぐらしていたところ、ようやく西野が戻ってきた。時計を見ると午後11時30分を過ぎたところだった。

「ごめん、太郎君。長い間待たせて。」

西野はすまなそうに両手を顔の前で合わせた。

「今日中にどうしても連結パッケージを親会社の方に送らなきゃいけなかったんだ。何とか間に合ったからもう大丈夫。さっきはカリカリしていてごめんね。」

締切に間に合ったせいか、先ほどの西野の様子とは打って変わって、気の抜けた笑顔を浮かべていた。

「いや、いいんだ。それよりも忙しい時期に押しかけてこちらこそごめんね。それに、自分で調べもせずに聞きに来たりして悪かった。」

太郎は率直に詫びた。

「こっちこそごめん。さっきは部下の手前言い過ぎちゃった。あの子、まだ入りたてで何でも調べないで聞いてくるの。いい機会だから太郎君を通じてお説教したってわけ。」

「さっきの男の子って、会計士なの？」

「ううん。会計士試験に今年合格して、まだ大学4年生。会計士になるのは3年後。でもね、働いている以上プロとしての自覚を持ってもらわないと、こっちも困っちゃうんだよね。」

なるほど。若そうに見えたけれども、やはりまだ大学生だったのか。

「ところで西野。マネージャーだっけ。部下もいるし偉いんだね。」

「そんなことないよ。まだまだ分からないことばっかり。部下の扱いも難しいしね。甘いことばかり言っていると、チーム全体がだらけちゃって監査の質が落ちちゃうし。厳しくすると雰囲気悪くなっちゃうし。いつも悩んでばかり。」

弁護士2年目の太郎は弁護士になるまで社会人経験はなかった。西野は監査法人で既に7年くらい働いている。幼なじみであるものの、社会人として差が開いてしまったなと、少し恥ずかしくなった。

「ところで太郎君。変動費の話の続きだけれども。変動費か固定費かというのは、勘定科目を見ただけでは分からないよ。業種にもよるし、同じ業種であっても異なった要素を同じ勘定科目に集約していることもあるし。」

太郎は無言でうなずいた。

「相手に御社ではどれが変動費ですかって聞いても答えてくれないんだよね？　敵だから。」

「そうなんだよ。裁判では基本的に自分に有利なことしか言わないからね。」

「だとしたらさ、少なくとも１月分のPLじゃなくて、複数の期間のPLが必要じゃないかな。それを照らし合わせて、売上高の変動に応じて影響を受けている経費が変動費である可能性が高いことになるでしょ。」

太郎はハッとした。何でこんな単純なことに気付かなかったのか。固定費であれば毎月一定額の費用が計上され、変動費であればその名のとおり変動するはずである。

「そうか！　それじゃあ、２月分の損益計算書を比較すれば、どれが変動費か判明するんだね。」

「うーん。必ずしもそうじゃないんだな。変動費と言えるためには売上高の変動と関連して経費も変動する必要があるのだけれども、売上とは別の要因によっても経費は変動したりするでしょ。」

「えっ、たとえば？」

「たとえばね。機械が突然故障して修繕が必要になった場合修繕費が上がるよね。これって売上とは関係ないよね。夏場になるとエアコンを作動させるから、光熱費が上がるよね。これも売上とは無関係だよね。」

確かにそのとおりだった。変動費って、単に変動する費用ではなく、売上と関連して変動する費用なのかと太郎はその時点で知った。

「そう考えていくと、変動費か固定費かを区別するのには、その判断材料が多いに越したことがないんだ。」

「なるほどね。具体的にどのくらいの資料を要求すればよいの？」
「少なくとも２期分のPLが必要だと思うよ。月次ベースで。」
太郎はすぐさま「２期分のPL、月次ベース」とメモを取った。
「あとね、一つ気になっていることがあるんだけれども。この月次PLって正確なの？」
太郎は目を丸くした。決算書が間違っていることなんてあるのか、内容虚偽のおそれがあるというのか。
「これって、間違っている可能性があるの？」
あわてて太郎は聞いた。
「うん。だって、この会社非上場会社でしょ。監査が入っていない決算書なんて信用できるものじゃないよ。それに、月次PLだったら決算整理も行われていないかもしれないし、むしろ正確な可能性の方が低いんだけれども。」
「決算整理って何？」
「うーん、何て言ったらいいのかな。要は決算期にまとめて行う仕訳のことなの。たとえば、税金って基本的に毎月発生しないでしょ。こういった種類のものを決算期にまとめて調整する作業なの。」
「なるほどね。そういった作業が入っていないから不正確なんだ。」
「不正確かは分からないよ。ただ、月次PLなんて会社が自由に作れてしまうものだから、裁判で有利になるように数字をいじってる可能性もあるんじゃない？」
そうか。太郎は無意識に決算書は正しいものと考えていたが、この数字自体を疑う必要があるのか。変動費を控除するだけの作業で済むと思っていたのに。とすると、これは結構大変な作業なんじゃないのかなと不安になった。
「とりあえず、相手方には２期分の月次ベースの決算書を要求しておくね。」
「そうね。その際には、月次PLとは別に、税務署の受領印が押された納税申告書も合わせて２期分要求しておいた方がいいと思うよ。月次PLは改ざんできるけれども、納税申告書に添付されている決算書は、そう簡単に改ざんできないから。それにね、納税申告書内に添付されている法人事業概況説明書に、月次 PL の一部の項目が記載されていると思うから、それとも照らし合わせることができるしね。」

「なるほど。本当にいろいろとありがとう。」

太郎は深々と頭を下げた後、「税務署押印済みの納税申告書２期分」とメモをした。

……Scene 7「決算書の開示請求」（90 頁）へ続く。

解　説

1 ▪ 非上場会社の決算書

非上場会社の決算書は不正確である。こういうと驚かれるかもしれないが、これは事実である。監査法人の監査を受けている上場会社であれば、監査によって不備を指摘されないよう、日々の記帳や証憑の整備を徹底しており、また仮に間違いが存在した場合であっても監査人によって修正されることが多い。しかし、このような外部的な監査が入らない非上場会社では、税務調査によって追徴課税を受けなければそれでよいと考えている社長も多く、正確な決算書を作成するモチベーションは低い。

買収の前提として、公認会計士が財務デューデリジェンスを実施し、非上場会社の決算書を確認すると、大抵の場合には大幅な修正が入る。よく入る修正として、資産の過大計上、引当金の未計上、減価償却費の計上停止等がある。

このように、非上場会社の決算書はそもそも信用できるものではないのだが、決算書の数値を否定してしまうと、営業損害の立証が不可能となりかねない。そのため、誤っているおそれがあることを認識しつつ、これを利用することになる。

とはいえ、営業損害は原則として限界利益なので、営業損害を算出する際に誤っていないか注意すべき点は、売上高と変動費のみとなる。減価償却費が適切に計上されていなくても、減価償却費は固定費であるため、特段配慮する必要はない。

なお、損益計算書のデータが正確であるかについて検討する場合、損益計算書のみを眺めていても効果的ではない。損益計算書と表裏の関係にある貸借対照表を検討することが重要になる。これは、公認会計士が監査手続として実施するものである（220頁参照）。

2 ■ 決算書類の種類

ひと口に決算書類と言っても、会社には様々な決算にかかわる資料が存在する。以下、これらの例を挙げる。

・納税申告書
・年度決算書
・四半期決算書
・月次決算書
・貸借対照表
・損益計算書
・キャッシュ・フロー計算書
・株主資本等変動計算書
・製造原価報告書
・セグメント別損益計算書
・資金繰表

有価証券報告書を提出している上場会社等であれば、有価証券報告書に記載されている決算数値は信頼することができる。一方で、有価証券報告書を提出していない非上場会社では、原則として後日改ざん不能な決算書類としては、税務署押印済みの納税申告書に添付されているものしか存在しない。なお、決算公告を行っている非上場会社であれば、その数値は後日改ざん不能なものになろうが、決算公告を行っている会社は実際には多くない。

したがって、営業損害を争う場合には、通常税務署押印済みの納税申告書をスタートとして他の決算書類の整合性などを確認する必要がある。

たとえば、月次損益計算書が提出された場合、最低限１年間の月次損益計算書の数値を合算し、年間の損益計算書の数値に合致するのか検証しなければならない。その場合には、別途決算整理仕訳がなされていることもあるので注意が必要になる。

同様に、会社の部門ごとにセグメント別損益計算書を作成している場合には、これらの損益計算書の合算数値が会社全体の損益計算書と一致するのか確認する必要がある。

このように、会社全体の年間決算書と細分化された決算書の合計額が一致したとしても、細分化された決算書内の配分の適切性については、未だ担保されていないことについては留意しなければならない。たとえば、営業停止が8月にあった場合、前年度の月次損益計算書の8月だけ限界利益が高まるような操作がなされていることも考えられる。なお、この場合には、他の月の限界利益をその分減少させることで、年間の合計額が納税申告書添付の損益計算書と一致するように調整されている。

ちなみに、納税申告書に添付されている法人事業概況説明書が開示されている場合には、これに記載されている月次の売上高等は、後日修正することは原則としてできない。しかし、営業停止時期が前期の納税申告前である場合等、操作された月次内容で納税申告書が提出されるという可能性も否定できないため、注意が必要である。

公認会計士の試験制度

公認会計士試験は、短答式試験、論文式試験の二本立てとなっている。

短答式試験は、年２回実施されており、試験科目として、①財務会計論、②管理会計論、③監査論、④企業法が設けられている。短答式試験に合格すると、翌年、翌々年の２年間、短答式試験は免除され、論文式試験のみ受験すれば足りることになる。論文式試験は、必須科目として、①会計学、②監査論、③企業法、④租税法があり、選択科目（１つ選択）として、①経営学、②経済学、③民法、④統計学がある。なお、公認会計士試験の合格率は、近年では概ね10%程度を推移している。

ちなみに、司法試験合格者は、短答式試験の全科目が免除され、論文式試験でも企業法と選択科目の民法が免除される。つまり、論文式試験の①会計学、②監査論、③租税法のみに合格すれば公認会計士試験に合格することができる。これだけを聞くと、司法試験合格者が公認会計士試験に合格するのは簡単だと思うかもしれない。しかし、実際には、①会計学は、ⅰ財務会計論、ⅱ管理会計論、ⅲ財務諸表論の３つに分かれており、しかもこの３つはいずれも難易度が高い。また、会計士試験自体も難易度が高い。とはいえ、広範囲の科目が免除になることは事実であるため、チャレンジする余地はあると思う。

公認会計士試験合格後は、原則として２年間の実務経験（監査法人等の勤務）と３年間の実務補修（研修）を行わなければならない。実務経験と実務補修は、通常並行して行われ、この間は「公認会計士試験合格者」という肩書になる。その後に修了考査という最終試験に合格すれば、晴れて公認会計士という肩書になる。

Scene 7

決算書の開示請求

太郎は、西野から教わったとおり、月次ベースの損益計算書２年分と前２期分の納税申告書一式を開示するよう答弁書に記載した。その他、売上高から売上原価のみを控除したのでは不十分である旨の反論も行った。

答弁書提出期限の１週間前に書き上げ、飯嶋先生に提出した。先生は太郎が起案した答弁書案に一通り目を通した後に太郎に声をかけた。

「概ねよくできていると思うよ。」

「ありがとうございます！」

太郎は苦労が報われ顔をほころばせた。

「ただ、ちょっといい？」

「何でしょう。」

「月次ベースの損益計算書と納税申告書を要求しているけれども、どうしてこれらがいるの。」

「はい。それは答弁書にも書いてありますが、売上原価のみならずその他の変動費も控除しなければならないからです。納税申告書は、月次ベースの損益計算書の信憑性が低いことから信頼のおける資料として必要だからです。」

その点は西野からレクチャーを受けている。太郎は自信を持って答えた。

「確かに月次ベースの損益計算書は信憑性が低いと書いてあるよね。だとすると、開示する必要性が乏しいと反論されないかな。納税申告書だけで十分だと。」

そう言われてみると、先方がそのような反論をしてくることは十分考えられる。どうして月次ベースの損益計算書が必要なんだろうと頭を回転させながら、太郎は自分なりに答えた。

「おそらく、変動費と固定費を区別するためには詳細なデータが必要になるからです。」

「そうだね。そのことを書いておく必要があるね。」

そういえば、西野も同じようなことを言っていたような気がすると思い出していた。

「それとさ、納税申告書と月次損益計算書の関係ってどうなっているのかな。」

「えっ。関係ですか。月次PLを12か月合計すると１年分のPLになるのではないかと。」

「うん。だから、納税申告書があると、月次PLの年間合計額の信憑性は担保できるようになるんだね。あと、法人事業概況説明書の記載内容から月次PLの信頼性を確認することもできるよね。この観点から納税申告書が必要ということも指摘しておいた方がいいんじゃないかな。」

「はい。おっしゃるとおりです。」

以前も思ったが、どうして飯嶋先生は会計のことについてこんなに詳しいのだろう。先生からの指摘が終わったかと思っていたところ、さらに言葉が続いた。

「あと、何で２期分必要なの？」

「えっ。それは変動費の区分にはデータが多い方がいいからだと。」

「だとすればさ、２期分よりも多い方がいいんじゃないかな。要らないかもしれないけれども、５期分くらい要求しておいて相手の様子を見てみてもいいんじゃない？」

「そのとおりです……。」

そういえば、西野も２期分で十分とは言ってなかった。相手方の決算書の提出は多いに越したことはない。「少なくとも２期分」という言葉が一人歩きしていたのだと反省した。

太郎は飯嶋先生に指摘された箇所を修正した上、マルマエ食料の社長に確認を求めた。社長から全く問題なしという回答を得た上で、答弁書を訴訟委任状とともに裁判所に提出した。

◉

第1回口頭弁論期日を迎えた。民事事件は、法廷で行われる口頭弁論期日と準備室で行われる弁論準備手続に大きく分けられる。第1回口頭弁論期日は法廷で行われる。飯嶋先生は指定された第1回口頭弁論期日には別件が入っていたため、太郎のみが法廷に赴いた。相手方弁護士は40代くらいの中堅弁護士と20代後半の若手弁護士の2人組だった。太郎は一人で心細かったが、そのような素振りは一切見せず被告側に着席した。

時間どおりに裁判官が法廷に現れる。裁判官は40代くらいの真面目そうな男性だった。書記官の「起立」という号令に従い、法廷内の全ての人が起立して礼をした。2年目とはいえ、これまで飯嶋先生とともに何度も法廷には臨んでいる。第1回期日は、さほど荒れることなく相手方に答弁書の反論書を提出するよう促して終わるだろうと考えていた。

「原告は訴状のとおり陳述しますね。」

裁判官が原告側に確認した。

「はい。陳述します。」

続いて裁判官は太郎の方を向いた。

「被告は答弁書のとおり陳述しますね。」

「はい。」

太郎は起立して答えた。

「それでは、被告側から提出されている答弁書に対して、次回期日までに原告側で反論するということでよろしいでしょうか。」

裁判官はそう相手方に確認した。太郎は予想どおりの展開だと思っていたが、そのとき突然原告側の中堅弁護士が立ち上がった。

「裁判長、1つよろしいでしょうか。」

「何でしょう。」

「答弁書では、5年分の月次損益計算書と納税申告書を提出するよう要求されています。しかしながら、本件で問題となっているのは平成28年3月1日から2週間分の業務停止にかかわる損害だけです。この間の損害を争うことにつき、どうして過去5年分もの決算書を開示しなければならないのか理解できません。原告としても不必要に会社機密を公開する意思はありません。」

「なるほど。その点、被告側はどうですか。」

突然質問が投げかけられ、一瞬頭が真っ白になった。しかし、この点については飯嶋先生と協議済みだ。太郎は冷静さを取り戻して立ち上がった。

「はい。原告は売上高から売上原価を控除した金額が損害であると主張しています。しかし、答弁書に記載されていますとおり、ここからさらに変動費を控除する必要があります。変動費と固定費を区別するためには、複数の期間の経費を比較検討する必要があります。そのため、少なくとも5年分は必要になります。」

裁判官は軽く首をかしげながら太郎の発言を聞いていた。

「被告はこのように述べていますが、原告はいかがですか。」

「はい。そもそも、原告としては、変動費を控除すべきという被告の主張に理由がないと考えています。経費は依然として発生しているのであり、これを損害から控除する理由は見当たりません。」

裁判官は、原告の発言に2、3回軽くうなずいた。太郎はその様子を見て驚き、とっさに立ち上がった。

「裁判長！　経費には、売上高が発生しなくなれば、発生しなくなるものも存在します。それが変動費なのです。発生していない経費なので控除する必要があります。」

裁判官は太郎の発言を聞いた後、原告に向かってこう言った。

「被告もこう言っていることですし、訴訟の初期段階なのですから、開示してもよいのではないですか。」

「とはいっても、本当に5年分必要なのでしょうか。」

「わかりました。それでは、まず2年分開示してください。その上で、被告の主張を見てそれ以上必要なのか検討したいと思います。」

裁判官が妥協案を示した。傍聴席には、他の事件の当事者達が次の審理のために順番待ちしている。原告の弁護士は、やや不満そうであったが、分かりましたと述べた。太郎は少なくとも２年分開示されれば何とかなると考えていたところ、辛うじて２年分は確保できたことに安堵していた。もし、答弁書で開示請求していた決算書が２年分だったとしたら、１年以内に限定されていたかもしれない。飯嶋先生の指摘によって、２年分の請求を５年分に変えていなければ危なかったと胸をなでおろした。

◉

太郎は事務所に戻ると飯嶋先生に法廷での出来事を報告した。

「まあ、次回先方が提出する書類次第だな。」

一通り聞き終えた後、飯嶋先生はそう結論付けた。

太郎はマルマエ食料の社長あてに期日報告書をまとめると、双方が期日までに提出していた書類の写しとともに送付した。

第２回期日の１週間ほど前に、高城販売の弁護士から分厚い封筒が届いた。封を開けてみると、準備書面と証拠が同封されていた。すぐさまどのような証拠が提出されたのか気になり、甲号証をめくった。決算書などの財務数値が記された証拠は、甲12号証以降であった。

「月次PLと納税申告書……」

高城販売がこれまで提出してきた財務資料を整理してみたところ、このような状況であった。

① 月次PL（平成26年３月～平成28年２月）

② 納税申告書（平成25年度（平成25年４月～平成26年３月））

③ 納税申告書（平成26年度（平成26年４月～平成27年３月））

こちらが要求した過去２年分の財務資料は、きちんと提出されているようだ。資料提出の段階で無駄にもめたくないと思っていたので、提出された財務資料を見て少し安堵した。さて、これをどうやって利用すればよいのだろう。パラパラと財務資料をめくってみたものの、見慣れない勘定科目や数値が羅列してあり、全く方向性が見出せない。西野に聞いてしまうのが早いことは分かりつつも、「プロとして可能なかぎり調べなきゃいけないんじゃないの？」という先日の言葉が耳を離れない。

しかたない。太郎は財務資料の束を手元にたぐり寄せ、可能なかぎり読み込んでみようと腹をくくった。

まず、平成26年度の納税申告書を手元に置いた。納税申告書には税務署の受領印が押されている。税金の申告に関する資料の後に、決算書が添付されていた。その他の資料も存在したが、まずはPLのページを開いた。

損益計算書

自　平成26年4月　1日
至　平成27年3月31日

高城販売株式会社　　　　　　　　　　　　　　　　　（単位：円）

科目	金額
売上高	8,559,486,000
売上原価	5,104,495,000
売上総利益	3,454,991,000
販売費及び一般管理費	
旅費交通費	163,072,000
広告宣伝費	397,479,400
通信費	200,464,000
接待交際費	149,040,000
給料手当	1,220,983,200
雑給	252,031,500
光熱費	170,576,000
発送費・配達費	266,007,000
減価償却費	293,196,000
地代家賃	400,472,000
雑費	62,941,200
営業損益	−121,271,300
営業外収益	
受取利息	3,036,000
受取配当金	105,000
雑収入	96,000
営業外収益合計	3,237,000
営業外費用	
支払利息	17,051,000
雑損失	2,832,000
営業外費用合計	19,883,000
経常損益	−137,917,300
特別利益	
固定資産売却益	1,960,000
投資有価証券売却益	0
特別利益合計	1,960,000
特別損失	
固定資産売却損	1,364,000
減損損失	0
特別損失合計	1,364,000
税引前当期純損益	−137,321,300
法人税、住民税及び事業税	200,000
当期純損益	−137,521,300

パッと見て、赤字だと気付いた。太郎は「えっ」と驚いて、以前高城販売が提出した平成28年2月の月次PLを取り出した。約260万円の利益となっている*。この月は好調だったが、前期は最終赤字だったのかと考えた。

＊66頁参照

ふと、月次PLは正しいのかと疑問になり、平成26年度に対応する月次PLを集めてみた。平成26年4月から翌年の3月までの月次PLである。これらの数値を慣れない手つきで電卓を叩き合計してみた。

「一致しない……」

売上高も売上原価も、最終損益も一致しない。電卓の打ち間違えかと思い、何度か電卓を叩いたが、いずれも納税申告書に記載されている数値の合計額とは一致しなかった。他の年度も試そうと思った時に、太郎は重大な事実に気がついた。平成25年度の納税申告書に対応する月次PLが平成26年3月分しか存在していない。また、平成27年度の納税申告書が提出されていない上に、それに対応する月次PLは、平成28年3月分が欠けている。

高城販売が提出した資料は、確かに過去2年分のPLと納税申告書ではあるが、太郎が期待していたものとは相違していた。開示を求める財務資料の特定が甘かったからか、と顔をしかめた。

ともあれ、平成26年度の年間PLと月次PLの合計額との不一致については、いくら考えたところで分かる気がしなかった。ポケットから携帯電話を取り出すと、「例の件で少しだけ教えてほしいことがあるのだけれども、少し話せるかな。」と西野にメールした。

数分後に西野から着信があった。太郎は少し緊張して、通話ボタンを押した。

「何？」

今日はそれほど不機嫌ではないようだ。少し安堵して、太郎は話し始めた。

「ごめんね。忙しい時に。例の裁判が進展して、相手方から財務書類の提出があったんだ。」

「うん。それで。」

「提出された納税申告書に添付されていたPLの数値と、それに対応する12か月分の月次PLを合算した数値が合わないんだけれども、どうしてか分かるかな。」
「合わないんだ。決算整理が抜けているんじゃない？」
決算整理。そういえば、以前同じようなやり取りをした覚えがある。
「決算整理って何だっけ？」
「税金とか減価償却費とかの仕訳を決算期にまとめて入れること。この前言わなかったっけ？」
そういえばそうだった。太郎は話を続けた。
「なるほど。それじゃあ、相手方には月次PLと納税申告のPLとの間に入った仕訳を明らかにするよう求めればいいってことかな。」
「そうだね。決算整理仕訳を別途提出してもらえばいいと思うよ。」
太郎は、「決算整理仕訳」という用語をメモした。
「ところでさ、相手方が開示してきた財務書類が、平成26年3月～平成28年2月の月次PLなんだ。」
「あれ？　その会社って、2月決算会社なの？」
太郎はあわてて納税申告書を見てみたが、納税申告書1面には、「平成26年4月1日～平成27年3月31日」と記載されている。
「納税申告書には、平成27年3月31日で1年が切れているけれども。」
「それじゃあ、3月決算だ。何でそんなズレた月次をもらったの？」
太郎の開示請求が「過去2年分」という曖昧なものだったからだ。「平成○年○月から平成○年○月までの月次PL」と特定していれば、このような事態にはならなかっただろう。とはいえ、このことを西野に話すと軽蔑されそうなので、太郎は取りつくろった。
「何でだろうね。とはいえ、これじゃあダメだから、平成28年3月分の月次PLも要求するよ。」
「そうだね。その年度の決算整理仕訳もね。」
太郎は決算書などが開示された後、どのようにして変動費や固定費の分類を行うのか西野に聞きたかった。けれども、この段階で聞いたとしても理解できそうにないので、実際に資料が開示された後に教えてもらおうと考え直した。

……Scene 8「固変分解」（105 頁）へ続く。

解　説

1▪答弁書

(1) 作成者側の注意点

>ロジック

訴状に記載されているロジックが誤っている場合、もしくは被告にとって不利な場合には、積極的に正しいと考えるロジックを主張しなければならない。その際に注意しなければならないのは裁判官の存在となる。当事者間で通知書や回答書の送付を行っていた場合と異なり、裁判では訴訟指揮や判断を行う裁判官が存在する。自らが主張するロジックの正当性を裁判官が認めてくれなければ、当然のことながら結論は不利なものとなってしまう。会計に詳しい裁判官もいるが、担当する裁判官が会計に詳しいか否かは定かではない。そのため、可能な限り分かりやすく、営業損害としていかなるロジックを採ることが合理的なのかを説明しなければならない。

裁判官が営業損害のロジックを適切に捉えてくれれば、その後の情報開示についても、どうしてその資料が必要なのかを理解してくれるため、裁判官の後押しを得ることができる。逆に、裁判官が営業損害のロジックを理解してくれていないと、なぜその情報を開示させるべきなのか納得されず、反論に必要な資料を入手できなくなるおそれがある。

>認否

営業損害の認否を行う際に、相手方が証拠とともに主張した数字を安易に認めるべきではない。既に述べているとおり、決算書の数字は必ずしも正しいとは限らない。特に訴状において引用している証拠が、納税申告書に添付された決算書でない場合、その決算書の数値は改ざんされているおそれすらある。一度、事実を認めてしまうと、その点については立証が不要になり、後で争うことが事実上不可能になってしまう。

もちろん、何でもかんでも否認しろというわけではなく、確実な裏づけがある数値や事実については認めるべきである。ただ、決算書の数値は正しいと誤解していると、争えた事実を見過ごしてしまうおそれがあるため、注意しなければならない。

＞資料開示

通常、訴状とともに提出される証拠では、反論を行うのに不十分である。そのため、自らが主張するロジックによれば必要となる資料の開示を相手方に求めなければならない。たとえば、相手方が営業総利益ベースの請求を行ってきたのであれば、変動費も控除する必要があるため、固定費と変動費を区分するための資料等を請求することになる。この場合に必要な資料は、具体的事案によるため一概に示すことはできないが、少なくとも直前2期分の納税申告書一式は必要になるだろう。月次損益計算書は、会社によっては作成していないこともある。月次損益計算書を作成していない場合には、それを代替する会計システム上のデータ等が存在しないか検討を行うことになる。

相手方が保有している財務資料については、可能な限り入手するに越したことはないが、開示対象となる資料が膨大になると、相手方も開示を拒否したり、裁判官も証拠開示の指揮に消極的になることがある。営業損害算定における証拠の多くは賠償請求を行う側に存在するため、開示対象となる資料を絞り、開示すべき必要性を明確に示し、裁判官の協力を得た上で必要な資料の収集に努めることが重要になる。

なお、開示請求を行う際に開示対象となる期間や開示対象物の特定が不十分であると、予期していたものとは異なる資料が開示されたり、存在しないと回答されてしまうことになりかねない。そのため、開示対象物の特定については十分留意する必要がある。

⑵　受領者側の注意点

＞ロジック

答弁書により原告が主張していたロジックに反論が行われている場合には、その反論に対し、分かりやすく説得的に再反論を行う必要がある。いずれのロジックに理由があると裁判官が判断するかにより、今後の訴訟指揮や判断に大きく影響を与えるからである。

＞資料開示

資料開示を要求する答弁書を受領した場合、まずは要求されている資料が会社に存在するのかという点の確認を行うことになる。資料が会社に存在する場合には、その資料を開示すると有利になるのか否か検討する必要がある。裁判官が開示するよう促しているにもかかわらず、開示に消極的であると、不利な心証や訴訟指揮を受けるおそれがあるので、開示に応じるか否かはこれらの要素も踏まえて慎重に行う必要がある。

資料が会社に存在しない場合には、その旨を裁判官と相手方に伝えることになろう。ただ、月次損益計算書のように、会社に存在はしていないものの、会計システムを利用すれば作成できる資料の場合には、作成して提出した方が有利か否か検討すべきである。

いずれにしろ、一度資料を開示してしまった後は、その数値が誤りであったとして後日修正することは極めて困難になる。また、その他の財務資料と矛盾することがあると、提出したその他の証拠の信憑性も疑われかねない。そのため、財務資料を開示する際には、その内容の正確性や整合性について十分検討してから行うべきである。

2 ▪ 法廷での対応

口頭弁論期日でも弁論準備期日でも、通常は書面と証拠の受け渡しがメインとして行われ、簡単な確認事項が口頭で行われることになる。しかし、営業損害を巡る訴訟においては、いかに必要な資料を相手方から引き出せるかに重点が置かれることになる。そのため、開示請求を行った資料につき、どうしてその資料が必要となるのかを口頭でも説得的に説明できなければならない。

裁判期日では、裁判官がどの程度会計に関するロジックを理解しているのか把握する必要がある。裁判官が会計に関するロジックを十分に理解できていないと、予期していた内容と全く異なる判決を下されるおそれがある。また、尋問手続において重要な質問や回答を理解してくれていないおそれもある。そのため、裁判官がロジックを十分理解してくれていないと感じた場合には、図などを利用するなどして、可能な限り分かりやすく説明を試みなければならない。

ちなみに、相手方の弁護士が会計に関するロジックを理解していない場合もある。この場合には、裁判官さえロジックを理解してくれていれば、積極的に相手方弁護士にロジックを説明する必要はない。ロジックを理解していない弁護士は、自らが提出する資料が不利に働くか否か判断できないため、提出すべきでない資料までも提出してくれる可能性があるからである。通常の訴訟ではこのような事態は生じにくいが、営業損害を争う訴訟では、弁護士が財務数値の意味や活用方法を理解していないことがあるため、このような事態になることもしばしばある。

3 ▪ 決算整理仕訳

決算整理仕訳とは、決算書を作成する前に実施される、経過勘定計算、長短債権債務整理、引当金計上等の特別な決算整理業務をいう。日常の取引では計上されない仕訳を決算期にまとめて行うのである。以下、決算整理仕訳の一例を挙げる。

〈売上原価〉

借　方		貸　方	
仕入	○○	期首繰越商品	○○
期末繰越商品	○○	仕入	○○

〈貸倒引当金〉

借　方		貸　方	
貸倒引当金繰入	○○	貸倒引当金	○○

〈減価償却費〉

借　方		貸　方	
減価償却費	○○	減価償却累計額	○○

〈経過勘定〉

借　方		貸　方	
前払地代家賃	○○	地代家賃	○○

なお、決算整理仕訳が月次損益計算書の最終月に含まれていることもある。この場合、最終月のみ他の月に計上されていなかった勘定科目の仕訳が計上されることになる。このような決算整理仕訳の存在を知らずに、月次損益計算書を単純比較していると最終月のみ異常値が検出されることになる。また、決算整理仕訳が月次損益計算書に含まれていない場合、単純に月次損益計算書の数値を合計しても、年間の損益計算書の数値と一致しないことになる。このままでは、月次損益計算書と1期分の損益計算書の数値の整合性が確認できない。そのため、決算整理仕訳が月次損益計算書とは別に存在する場合には、決算整理仕訳も入手しておく必要がある。

年度と期の違い

平成27年度と平成27年3月期、しばしば目にするものの会計に携わっていないとどの期間を示しているのか誤解してしまうおそれがある。

3月決算会社（3月に決算を行う会社）の平成27年度決算書という場合、平成27年から開始する年度を意味する。つまり、平成27年4月1日から平成28年3月31日までの期間の決算書を指している。一方で、平成27年3月期決算書という場合、平成27年3月に終了する期の決算書を意味する。これは、平成26年4月1日から平成27年3月31日までの期間の決算書になる。このように、「年度」と「期」のいずれを用いるかによって指している期間が異なることに注意が必要である。

なお、これらの用語に相手方弁護士が不慣れで誤解してしまうおそれがある。そのため、資料開示などを求める場合には、「平成27年度決算書」などと記載する横に「平成27年4月1日から平成28年3月31日」というように対象期間を示しておく方がよい。対象期間を誤解して異なった期間の決算書を提出されると、期日が空転してしまうおそれがあるからである。

Scene 8

固変分解

追加の資料開示は思いのほか大変だった。裁判期日に太郎が決算整理仕訳、平成28年３月の月次PLと平成27年度の納税申告書を提出するよう求めたところ、高城販売の弁護士が憤慨したのである。

「こちらは被告が請求したとおり過去２年分の資料を開示しました。こんな風に追加で何でもかんでも請求されたらたまったものではない。いい加減にしてほしい！」

という感じである。

裁判官も太郎のことを「この若い弁護士しっかりしてくれよ」というように困った表情で見つめている。太郎は太郎で、

「月次PL合計と納税申告書のPLが一致しないのであれば、月次PLの信憑性が疑われる。そのため、決算整理仕訳を開示してもらうことは必要である。過去２年の決算書というのは、平成28年３月で終わる期から遡って過去２年の意味である。納税申告書とズレた期間について月次PLを開示されても月次PLの信憑性を確認できない。」

などと応戦して、一歩も譲らなかった。

法廷で10分にもわたる舌戦が繰り広げられたあげく、裁判官がしびれを切らしてこう言った。

「原告代理人のご主張ももっともだと思います。けれども、前回期日ではまず２年分開示して、その上で被告の主張を伺い、追加の資料の要否を検討するということだったと思います。ですので、今回は被告が要求する資料を開示していただけますか。」

一方で、裁判官は太郎に向かってこう言った。

「原告代理人が言うように、五月雨式に資料の開示を求めることは訴訟進

行上も好ましくありません。財務資料の開示請求は、今回ご主張されるもの以外はないと聞いておいてよいですか。」

太郎は悩んだ。今後、追加で財務資料を要求したくなる状況もあるかもしれない。原告が次回開示する財務資料が不十分である可能性もある。現在、このような約束をすることは、リスクがあることは十分承知している。しかし、ここで反発してしまうと、裁判官が原告側に開示を勧めている資料も開示されなくなるおそれがある。一瞬悩んだ末、太郎は立ち上がった。

「基本的には、今回要求した資料が開示されればよいと思います。ただ、開示された資料を分析した結果、月次PLの合計額と納税申告書のPLの数値が一致しないなど不合理な状況があるようでしたら、その点を明らかにする限度で資料開示を求めることはあり得ると思います。」

裁判官は、太郎の発言に納得したのか、原告側を向いて、

「被告もこう言っていることですし、今回は開示してください。」

と締めくくった。

これらのやり取りからしばらくして、太郎が要求していた資料が高城販売の代理人から送付された。決算整理仕訳というのは、仕訳日記帳というタイトルの書類を打ち出したものだった。

借方	金額	貸方	金額
減価償却費	…	減価償却累計額	…
前払地代家賃	…	地代家賃	…
…			

年度ごとに20ほどの仕訳が記載されている。太郎はこれまで簿記の勉強を全くしてこなかった。そのため、仕訳日記帳に記載されている内容がどのような意味なのか、正確なものなのかという理解が全くできなかった。もちろん、この仕訳の意味と正確性について西野に聞くことはたやすい。しかし、何でも西野に聞くのであればプロとしてどうかと思うし、いい機会なので自分でも簿記について少し勉強しようと考えた。

簿記に関するウェブサイトをいくつか閲覧した結果、仕訳の意味を大まかながら把握した。その後、書店に寄って分かりやすそうな簿記３級のテキストを買った。これまで、貸方借方という言葉を聞いただけで拒絶反応を示していた。けれども、仕事の合間を使ってコツコツと順を追って勉強してみたら、それほど時間もかからず意外とすんなりと理解することができた。決算整理についてもテキストに記載されており、漠然としながらもイメージを持つことができた。

仕訳の概要を理解した上で、高城販売から提出された仕訳日記帳を見てみたところ、初めて見る勘定科目もあるものの、理解できる仕訳も結構見られた。決算整理仕訳に沿って月次PLの合計額を修正していくと、納税申告書のPL金額とピッタリ一致した。たくさんの数字の合計であることから、多少の不一致はあるだろうと考えていた太郎は、綺麗に一致した数値を見て、驚くとともに少し感動した。

「今度、簿記３級でも受けてみようかな。」

椅子の背もたれに寄りかかり、オフィスの天井を見つめながらそうつぶやいた。

月次PLと決算書のPLとの一致は、平成26年度も平成27年度も確認ができた。あと残された作業は、経費を変動費と固定費に区別する作業である。これが一番重要な作業であることは明らかだった。西野に相談する前に、自分でできるかぎりのことは調べてみようと思った。簿記３級のテキストには変動費や固定費のことについて触れられていなかったので、まずはネット検索で情報を入手した。

いろいろと調べた結果、変動費とは、販売量等が増えたり減ったりするとそれに比例して増減する原価であることが分かった。固定費は、逆に販売量等が変化しても変化しない原価とのことだ。そうだとすれば、月次PLなどを比較しながら、売上高と比例して増減している費用を見つければいいのではないか。太郎は、高城販売から提出された月次PLをパラパラとめくりながら変化している費用を探した。しかし、ほとんどの費用は毎月変化しているものの、売上高の変動とは必ずしも比例していないように見られた。試しにいくつかの費用の増減と売上高の増減を比較してみたが、いずれも比例的な関係は見られなかった。あれこれ試行錯誤したものの、打開策は見当たらない。

ここまで自分でやったんだ。もう、西野に聞いてもいい頃だろう。太郎は携帯を取り出すと西野に電話をかけた。

「もしもし。西野？　今、大丈夫？」

「あ、太郎君。大丈夫だけど、どうしたの？」

太郎は、高城販売から追加の資料が提出され、月次PLと決算書のPLとが一致したこと、変動費の検討を行ってみたものの、何が変動費か分からない旨を伝えた。

「なるほどね。確かにそこは難しいと思うよ。ちょっと時間かかる話になると思うから、今度ご飯食べながらでどう？」

「ありがとう。もちろんOKだよ。」

「もちろん、おごりでね。」

太郎は苦笑した。

◉

西野が指定したお店は、お洒落なワインバーだった。軽い食事もとることができる。時刻は午後7時30分。監査法人が繁忙期でなかったのか、割と早い時間帯に会うことになった。グラスワインにソーセージやサラダなどを注文した後、メニューをパタンと閉じて西野は太郎の方に目を向けた。

「資料出たんだって？」

「うん。2年分の月次PLと決算整理仕訳、それに納税申告書ね。」

「ふうん。酔う前にちょっと見せて。」

「何を見せればいいかな。月次PLはかなりの枚数になるんだけれども。」

「とりあえず、2期分の納税申告書を見せてくれるかな。」

太郎が２期分の納税申告書を渡すと、西野は「ふーん、こんな会社なんだ。」と独り言を言いながら、パラパラとページをめくった。ちょうどその時に、ウェイターがグラスワインを２人に持ってきた。種類は違うものの、２人とも白ワインを注文していた。

「このお店、いいグラスワインを選択しているから、下手にボトル入れるよりかグラスの方がいいんだよ。」

と言いつつ、軽く乾杯をした後に、西野はグラスを傾けた。洋酒よりも日本酒党である太郎は、ワインの味の良さは分からなかったが、西野の機嫌を損ねないよう美味しそうにワイングラスを傾けた。

納税申告書に目を落としながら、西野は聞いてきた。

「月次 PL と決算整理仕訳を合わせると納税申告書の PL と一致した？」

「うん。その点はチェックしたよ。ちょっとは簿記を知らないとまずいと思ったんで、簿記３級の勉強もしたんだ。」

西野が驚いた表情で書類から顔を上げ、太郎を見つめた。

「そうなんだ。エライ、エライ。問題集か何か解いたの？」

「そう。簿記３級のテキスト買って、それに付いている問題を解いたりしたね。意外と分かりやすかったし、知らなかった分野の勉強をするのは面白いね。簿記３級も受けてみようかと思っているんだ。」

「いいじゃん。受けてみなよ。できれば２級くらいは持っていた方がいいかもね。今回みたいに決算書を使う仕事もあるんでしょ。」

「そうだね。破産とか再生とかは決算書を使うね。企業法務も決算書を理解できていた方がいいと思うし。」

そういえばそうだ。今まで数字を毛嫌いしていたが、企業法務を扱うのであれば決算書に明るいに越したことはない。簿記２級程度であれば、仕事のすき間時間を利用して何とか取得できるかもしれないと思った。

「ところでさ。西野の仕事は法律の知識は必要ないの？」

太郎は自分ばかり責められているような気がして、西野に水を向けた。

「うん。会社法は会計士試験でもやるからある程度は知ってはいるんだけれども、民法とかの必要性は感じるね。」

会社法は会計士試験の受験科目なのか。太郎はその事実を知らなかったため驚いた。

「そういえばさ、太郎君。今度、時効のこと教えてくれない。」

「時効？　もちろんOKだよ。何でも聞いて。」

時効は司法試験の勉強でさんざんやり込んでいる。会計という未知のフィールドから、突然自分の得意分野に話が移ったことで、安堵するとともに嬉しくなった。

そんなやり取りをしていたところ、ワインは白から赤に変わり、ある程度空腹も満たされてきた。その時、太郎は本題に触れていないことを思い出した。

「今日の本題を忘れてた！　その資料をもとに、どれが変動費か指摘する必要があるんだけれども、どうすればいいのか教えてくれないかな。」

「あ、そっか。そういえばそういう話だったね。決算書見たら満足しちゃってた。」

西野はワイングラスを数杯空けてはいたが、まだそれほど酔ってはいないように見られた。

「ちょっと、西野先生。きちんとお仕事してくれないと困りますよ。」

「ごめん、ごめん。経費を固定費と変動費に分けることを固変分解っていうんだ。固変分解は、簿記３級じゃ出ないんだっけ？」

固変分解。初めて聞く用語であったが、固定費と変動費の分解を意味することは、すぐに分かった。そして、裁判の重要な争点が固変分解となることも分かっていた。

「固変分解には、いろいろな方法が考えられているの。２期間の費用の差を検討する方法や、勘定科目ごとに分ける方法、それに概ねこの程度だろうと感覚で決める方法もあるの。」

「エッ？？　固定費と変動費って、勘定科目ごとに決まっているんじゃないの？」

「そうとは限らないの。同じ科目名であっても会社によっては変動費にも固定費にもなり得るし、同じ科目の中でも固定費部分と変動費部分に分かれたりすることもあるんだ。たとえば、給料という科目には、基本給と残業手当が入ることが一般的だけれども、基本給は固定費なのに対して、残業手当は変動費の性格が強いでしょ。」

なるほど。確かにそのとおりだ。

「いろいろな方法があるのは分かったけれども、本件ではどれが最適なんだろう。」

太郎は率直に尋ねた。

「んー、どうだろうね。私、裁判のことは分からないからなぁ。そういえばさ、以前太郎君って裁判例調べてなかった？　裁判所って、こんな案件でどのように判断しているの？」

そういえばそうだ。限界利益を扱っている裁判例を以前整理したことがあった。すぐさま太郎は裁判例を集計したシートをファイルから取り出して目で追った。

「うーん。科目ごとに変動費か区別して判断した判例もあるけど、その会社の変動費率を算定して判断したものや、一定の基準となる変動費率を参考に決めたものもあるね。」

「なるほどね。そうなっているんだ。」

「で、どうすればいいの？」

「んー。結局正確に変動費判定をすることは難しいんだよね。分かりやすさを重視するのであれば、勘定科目ごとに変動費か固定費か振り分けてしまう方法だろうね。それがダメなら、会社単位などで変動費率を出して対応するしかないかな。」

そうだったのか。太郎は内心驚いていた。てっきり、西野が必要と教えてくれた資料を揃えれば、きっちりと固定費と変動費を区別できるものだとばかり信じていた。そうではなく、結局は曖昧なままでしか区別できないという結論に驚くとともに、これからの裁判の展開において、きちんと裁判官を説得できるのか不安を感じていた。

「ところでさ、西野。何で変動費と固定費の区別……、固変分解だっけ。

それって、正確にできないの？　会計的には明らかじゃなきゃ問題が出たりしないの？」
太郎は先ほどから疑問に思っている点を率直に西野にぶつけてみた。
「費用を変動費と固定費に区別して会計処理を行おうという方法もあるの。それは、直接原価計算と呼ばれているんだけど、この方法は現在の会計では一般的には採用されていないんだ。」
「どうして？」
「変動費と固定費の区分が曖昧で、会社の判断に委ねていると、利益操作が可能になってしまうというのが一番の原因かな。」
会計上も区分が曖昧という話を聞いて、太郎はますます不安になった。とはいえ、できるかぎり変動費を多く認めてもらい、損害額から控除してもらえばいいんだと割り切り、この点は深く考えないことにした。
「固変分解が難しいというのは分かったよ。でもさ、どの科目が変動費になりやすいとかいう当たりはつけられないの？」
「当たりだったら、つけられないこともないよ。」
そう言って、西野は平成26年度と平成27年度のPLを机の上に並べた。

「まずね、売上高が減っているよね。」
確かに、平成27年度のPLの方が年間で5億円ほど売上高が減っていた。
「それに伴って動いている費用とそうでない費用があるでしょ。たとえば、減価償却費は全く動いてないし、地代家賃はほとんど変化してないよね。こういった科目は、固定費だよね。まあ、科目の内容からしても固定費なんだけれども。」
科目の内容からして固定費という西野の言葉が引っかかったけれども、太郎は無言でうなずいた。
「あと、営業損益より下の損益項目も営業とは関係ない科目の内容だから固定費だよね。」
また、科目の内容という言葉を繰り返した。太郎はたまらず聞いた。
「科目の内容ってどういうこと？　どうして固定費って分かるの？」

損益計算書

自　平成26年4月　1日
至　平成27年3月31日

高城販売株式会社　(単位：円)

科目	金額
売上高	8,559,486,000
売上原価	5,104,495,000
売上総利益	3,454,991,000
販売費及び一般管理費	
旅費交通費	163,072,000
広告宣伝費	397,479,400
通信費	200,464,000
接待交際費	149,040,000
給料手当	1,220,983,200
雑給	252,031,500
光熱費	170,576,000
発送費・配達費	266,007,000
減価償却費	293,196,000
地代家賃	400,472,000
雑費	62,941,200
営業損益	－121,271,300
営業外収益	
受取利息	3,036,000
受取配当金	105,000
雑収入	96,000
営業外収益合計	3,237,000
営業外費用	
支払利息	17,051,000
雑損失	2,832,000
営業外費用合計	19,883,000
経常損益	－137,917,300
特別利益	
固定資産売却益	1,960,000
投資有価証券売却益	0
特別利益合計	1,960,000
特別損失	
固定資産売却損	1,364,000
減損損失	0
特別損失合計	1,364,000
税引前当期純損益	－137,321,300
法人税、住民税及び事業税	200,000
当期純損益	－137,521,300

損益計算書

自　平成27年4月　1日
至　平成28年3月31日

高城販売株式会社　(単位：円)

科目	金額
売上高	8,004,704,500
売上原価	4,826,068,000
売上総利益	3,178,636,500
販売費及び一般管理費	
旅費交通費	145,600,000
広告宣伝費	368,306,600
通信費	187,707,200
接待交際費	136,620,000
給料手当	1,130,540,000
雑給	242,430,300
光熱費	159,915,000
発送費・配達費	250,806,600
減価償却費	293,196,000
地代家賃	393,384,000
雑費	56,007,000
営業損益	－185,876,200
営業外収益	
受取利息	3,036,000
受取配当金	84,000
雑収入	96,000
営業外収益合計	3,216,000
営業外費用	
支払利息	17,195,500
雑損失	3,540,000
営業外費用合計	20,735,500
経常損益	－203,395,700
特別利益	
固定資産売却益	2,695,000
投資有価証券売却益	0
特別利益合計	2,695,000
特別損失	
固定資産売却損	1,240,000
減損損失	0
特別損失合計	1,240,000
税引前当期純損益	－201,940,700
法人税、住民税及び事業税	200,000
当期純損益	－202,140,700

「えっ、分からなかった？　ほら、太郎君。簿記２級、２級くらいは取っておくべきだよ。たとえばね、減価償却費は、定率法や定額法などによって定期的に償却していくものだよね。」

これは太郎も知っている。

「だとすれば、売上高が変動しても無関係に償却されるのは当然だから、変動費じゃないよね。地代も同様に売上高によって左右されるものじゃないよね。」

なるほど。そのとおりである。

「受取利息はどうして発生しているのか分からないけれども、少なくとも売上とは無関係でしょ。支払利息は銀行借入が原因だと思うけど、これも売上とは無関係だよね。固定資産の処分も同様でしょ。」

確かに説明を受ければそのとおりだ。コロンブスの卵のようだ。

「ねえ、この雑収入とか雑損失というのは何？」

「これは他の勘定に分けることができなかったものが集まるゴミ箱みたいなもの。金額的に大きくもないから無視でいいんじゃない。」

雑損失は300万円ほどあるため、それほど少額でもないと思ったが、確かにこれらの詳細を明らかにする作業は大変だろうと考え直した。

「問題は、その他の販管費だよね。旅費交通費、広告宣伝費、通信費などは、発生方法にもよるけれど変動費の可能性はあるかな。接待交際費は売上とは無関係だと思うな。給与手当は固定費でしょうね。この雑給というのが何を意味するのかちょっと分からないけれども。光熱費は固定費の性格が強いよね。発送・配達費は、変動費の性格が強いかな。」

太郎は西野が述べた感想をあわててPLの横に鉛筆でメモ書きした。

「あのさ、ちょっと気になっていたんだけれども、月次PLって見なくていいの？　さっきから、納税申告書のPLしか見ていないけれども。」

「あ、月次ね。月次の方は、各月でどんな変動をしているのか、より詳細に検討する際に用いるの。売上高の増減と連動して増減している項目は、変動費である可能性が高いよね。そのほか、相手方の説明した内容と一致しない増減をしているようであれば、追及する材料になると思うよ。」

なるほど、月次PLはそのように用いるのか。

「それじゃあ、裁判手続を通じて相手方にこれらの項目がどのようなものであるのか釈明させてみるよ。その結果、変動費だと分かれば控除するということで対応していこうと思う。」

「うん。ただね、太郎君。さっきも言ったように、1つの科目の中に固定費と変動費が同居していることもあるし、その区分は明確にできるとは限らないからね。さっき私が話したことも、単なる推測であって、確信を持って話していたわけじゃないのは分かってね。」

西野は念を押した。

……Scene 9「求釈明」（119頁）へ続く。

解　説

1 ▪ 固変分解

経費を固定費と変動費とに区分することを固変分解という。固変分解の方法としては、①費目別精査法、②高低点法、③散布図表法、④最小二乗法、⑤IE 法などの方法が考えられている（詳細は 208 頁）。しかし、いずれの方法を用いたとしても固変分解を正確に行うことはできない。変動費と固定費は必ずしも明確に区分されるものではなく、両者の中間の性質を有する経費も存在するからである。

とはいえ、損害額算定においては、可能な限り正確な数値が得られ、それが信頼に値するのであれば実務上支障はないものと考える。固変分解の方法として複数の手法が考えられているものの、当事者の納得が得やすく、合理性を客観的に検討し得るという点からすれば、各勘定科目の実態に即して固変分解を行うという費目別精査法が好ましいと考える。過去の判例の内容からしても、費目別精査法を用いて固変分解を行っているものが多く見られる。もっとも、費目別精査法が不可能な場合や、より合理的な結論を導き出せる場合などでは、高低点法や最小二乗法などによって固変分解を行うことも考えられる。

費目別精査法に基づいて、訴訟において具体的に固変分解を行う方法については、132・135 頁以下で解説する。

2 ▪ 製造業の売上原価

卸業や小売業では、商品を販売して売上を得ているため、売上原価は変動費として控除対象となった。しかし、製造業の場合には、これと同様に考えることはできない。

製造業で作り出される製品は、①材料費、②労務費、③経費が合わさって作り出されるものである。これらの費用のうち、材料費は変動費の性質が強いが、労務費は固定費の性質が強い。経費については、項目ごとに固変分解を行う必要がある。

製造業では、通常、製造原価報告書という決算書類を作成しているため、これらの勘定科目に着目し、固変分解を行う必要がある。

製造原価報告書

自　平成○年○月○日　至　平成○年○月○日

○○株式会社

勘定科目			前月残高	借方	貸方	当月残高	構成比
当期製品製造原価		主要材料費		183,000		183,000	4.9
		（材料費）		183,000		183,000	4.9
		賃金給料		1,500,000		1,500,000	40.2
		法定福利費		310,000		310,000	8.3
		（労務費）		1,810,000		1,810,000	48.6
	経費	減価償却費		40,000		40,000	1.1
		地代家賃		105,000		105,000	2.8
		水道光熱費		31,110		31,110	0.8
		消耗品費		10,000		10,000	0.3
		（経費）		186,110		186,110	5.0
		〔当期製品製造原価〕		2,179,110		2,179,110	58.5

日商簿記

簿記検定には、日本商工会議所主催「日商簿記検定試験」、（公社）全国経理教育協会主催「全経簿記能力検定試験」、（公財）全国商業高等学校協会主催「全商簿記実務検定試験」がある。この中で最も有名で規模が大きい簿記検定は、日本商工会議所主催の日商簿記であり、通常「簿記検定」といわれるものは日商簿記を意味している。

日商簿記には、４級から１級までの段階が設けられており、各級のレベルの内容は以下のとおりである。

1級	公認会計士、税理士などの国家資格への登竜門。合格すると税理士試験の受験資格が得られる。 極めて高度な商業簿記・会計学・工業簿記・原価計算を修得し、会計基準や会社法、財務諸表等規則などの企業会計に関する法規を踏まえて、経営管理や経営分析ができる。 大学等で専門に学ぶ者に期待するレベル。
2級	経営管理に役立つ知識として、最も企業に求められる資格の一つ。企業の財務担当者に必須。 高度な商業簿記・工業簿記（初歩的な原価計算を含む）を修得し、財務諸表の数字から経営内容を把握できる。 高校（商業高校）において修得を期待するレベル。
3級	ビジネスパーソンに必須の基礎知識。経理・財務担当以外でも、職種にかかわらず評価する企業が多い。 基本的な商業簿記を修得し、経理関連書類の適切な処理や青色申告書類の作成など、初歩的な実務がある程度できる。 中小企業や個人商店の経理事務に役立つ。
4級	簿記入門レベル。 複式簿記の仕組みを理解し、初歩的な記帳ができる。 小規模商店の経理事務に役立つ。

（日本商工会議所ウェブサイトより抜粋）

社会人が簿記検定を始める場合には、通常3級からスタートすることが一般的である。3級は、テキストと過去問を書店で購入し、仕事の片手間に受験しても合格できるレベルである。2級も独学で合格できるものの、専門学校に通う人も多い。真面目に勉強していれば、2級までは合格することができると思う。営業損害の点について理解を深めたいのであれば、2級を取得すれば十分であろう。1級は社会人が片手間に受験するには難易度が高く、その割に利用価値が限定されている。1級はそれ自体を目的として勉強するのではなく、税理士試験や会計士試験の受験生が力試しで受験して、副産物として取得するものという印象を持っている。

Scene 9

求釈明

太郎は悩んでいた。西野からアドバイスをもらったものの、高城販売側から提出された財務資料をもとに、どのような主張を展開すべきか方針が定まらなかったからだ。幾度となくパソコンに向き合うのだが、一向にキーボードを打つ指が進まない。太郎は今一度考えを整理するため、白紙のA4用紙に鉛筆でメモを書き始めた。

・現状で行うべき事項は、売上原価以外の経費につき、変動費にあたるものを明らかにしてそれを損害額から控除することである。
・変動費とは、販売量等が増えたり減ったりすると、それに比例して増減する原価である。
・変動費か固定費かは、同じ勘定科目であっても会社によって異なる。
・固変分解におけるアプローチは、大きく2つに分けることができる。
　①　勘定科目の内容から変動費であるという当たりをつける方法（西野メモ）
　②　売上高との関連性を調査して当たりをつける方法（月次PLなど）
・ただ、正確に固変分解を行うためには、勘定科目の構成要素を明らかにする必要がある。

書いてみることで思考が整理された。今回の書面で行うべきことは、固変分解の2つのアプローチで変動費と疑われる勘定科目につき、その構成要素を明らかにするよう先方に釈明を求めることだ。

西野が話した内容をまとめたメモによれば、「旅費交通費」、「広告宣伝費」、「通信費」は、変動費の可能性あり。「発送・配達費」は、変動費の性格が強い。「接待交際費」、「給与手当」、「光熱費」は固定費の性格が強い。

「雑給」は不明とのこと。とはいえ、これらは推測にすぎないとの注意書きも合わせて記載されている。

これとは別に月次PLを分析して、売上高の増減と経費の増減の関係を調査する必要がある。この作業は、Excelで行った方がよいだろうことは十分承知しているものの、太郎はExcelを扱う自信が全くなかった。というのも、弁護士業務では文書作成ソフトであるWordをひんぱんに用いる。その一方で、数字を扱うケースは極めて稀である。過払い金の利息制限法による引き直し計算や未払い残業代の算定などではExcelを使うものの、この場合には既に作られたソフトに数値を入れるだけである。そのため、Excel関数を使ったこともなく、太郎はExcelに強い苦手意識があった。

考えたあげく、秘書の清水さんに相談してみた。清水さんは、飯嶋法律事務所で働く以前に一般企業に勤めていたことがあり、もしかしたらExcelを使えるのではないかと考えたからだ。

「ということは、この月次損益計算書の数字を入力し、売上高と各経費項目との相関関係を調べればいいのですね。」

太郎がまだ概要しか説明していないのに、清水さんはいとも簡単に、作業の要点を把握した。

「もしかして、清水さんExcel得意？」

思わず太郎が尋ねたところ、

「いいえ。得意というほどでもないですよ。ただ、会社勤めしていれば、ある程度Excelは使いますから。月次数値を入力するのに時間がかかると思いますが、分析自体はそれほど手間ではないと思いますよ。」

と心強い返答を得た。

太郎は改めて感心し、感謝の言葉を伝えて作業をお願いした。

翌日の午後、清水さんが「できましたよ。」と言って、USBメモリを太郎の席に持ってきた。1日しか経っていないのに終了したということに驚きながら、早速USBメモリをパソコンに差し込んで完成したExcelを開いた。

月次PLの数値が事細かに打ち込まれており、売上高の変動と各経費項目の変動との関係が詳細にパーセントで表示されていた。しかも、別のシートには売上高の推移と各経費項目の推移が折れ線グラフで表示されていた。

これらの分析の結果、「広告宣伝費」、「雑給」、「発送費・配達費」は、売上高との関連性が強いが、それ以外の項目は、さほど売上高と関連していないことがうかがえた。

太郎は清水さんの席に駆け寄った。

「ちょっと、清水さん！　これすごいじゃないか。何でこんなすごい資料をすぐに作れるの？」

「そんなにすごい資料じゃないですよ。単に売上高の変動割合と経費の変動割合を比較しただけですし。グラフも簡単にできるんですよ。」

と、清水さんは事もなげに告げた。太郎は清水さんの隠された特技を目の当たりにして、驚愕していた。そして、時間があればExcelも使えるようにならなければと思った。

「ところで先生。この月だけ、他の月と比べて変なんですよね。」

清水さんがモニターで指差しているのは、平成28年2月の月次PLだった。

「何が変なの？」

「他の月は概ね赤字なのに、この月だけ黒字なんです。まだちゃんと調べたわけじゃないですけれども、原価率も他の月と比べると低いような気がしますし。」

その時、太郎の脳裏に閃光が走った。あわててファイルを開くと、訴状のページを開いた。やはり、平成28年2月の月次PLは、訴状に証拠として添付されていたものであった。

「大発見だよ。清水さん。」

清水さんは、驚いた表情で太郎を見つめた。

「相手方は、この月次PLを示して損害賠償請求をしてきたのだけれども、この月次PLは損害額を多く請求するため、数値の改ざんがなされているんだと思う。」

「えっ、そんなことがあるのですか。」

驚く清水さんの傍らで、太郎は以前、月次PLは改ざんされているおそれがあるから、納税申告書も要求すべきと西野が話していたことを思い出していた。以前検討したところ、月次PLと決算整理仕訳の合計は、納税申告書に添付されていた年間PLと整合していた。とすると、平成28年2月の利益を上げるために、他の月の利益を減らすという調整がなされているはずだと考えた。

太郎は思いがけない清水さんの発見も踏まえて、裁判所に提出する準備書面案を作成していた。相手方書面に対する反論を記載しつつも、主要な勘定科目の構成要素の点については、求釈明という方法を用いることにした。求釈明とは、その名のとおり、釈明を求めることを意味する。裁判所に提出される書面の末尾にまとめて、求釈明事項が記載されることが一般的である。

太郎はまず勘定科目の内容から変動費であると疑われる経費項目について、その構成要素を明らかにするよう求釈明を行った。また、月次PL分析の結果、変動費であると疑われる項目についても、合わせて構成要素を明らかにするよう求めた。このことに加え、訴状の前提となった平成28年2月の月次PLについてだけ、他の多くの月とは異なり黒字となっている理由を明らかにするよう釈明を求めた。

かなりの時間をかけた末、ようやく準備書面案が完成した。早速、データを飯嶋先生に転送して意見を求めたところ、しばらく経った後に「ちょっといいかな」と、いつもどおり呼び出された。

「これ、変動費である疑いがあるため、勘定科目の構成要素を明らかにしろってあるよね。」

「はい。そのように記載しました。」

「ここをさ、これらの科目は変動費である、と決めつけて書いた方がよくないかな。」

確かに、変動費であることを疑わせる事情は既に記載している。そうだとすれば、変動費と決めつけて主張した方が、相手方も必死になって構成要素を示しつつ反論するのではないか。

「確かにそうですね。変動費であると主張した方が、先方に与えるプレッシャーは高まると思います。その上で、念のためこれらが変動費であることを確認するため、構成要素を明らかにするよう求めたいと思います。」

「そうだね。あとさ、構成要素って何？」

「えっ？　どういった経費が各勘定科目に集計されているかということでして、具体的には、請求書や領収書などになると思いますが。」

「そうだろうね。それらの原資料と具体的な仕訳になるかな。どのような資料の提出を求めているのかもう少し詳しく書いておかないと、証拠が提出されないで、主張だけの空中戦が繰り広げられることになりかねないぞ。」

なるほどと思った。そういえば、以前の財務資料の要求の際にも、資料の特定が不十分で二度手間になった苦い経験があったことを思い出した。

◉

飯嶋先生の指摘を踏まえて準備書面を修正した上、裁判所と相手方の双方に書面を提出し、満を持して裁判所に赴いた。しかし、裁判官はこちらの書面に対して、好意的な評価をしてくれなかった。

太郎は悶々とした心持ちで事務所に帰る電車に乗り込んだ。つい10分前に行われた裁判所でのやり取りが、幾度となく脳裏をよぎる。

「被告代理人。提出された書面によりますと、変動費は損害額から控除すべきとの主張がなされていますが、本当にそのような結論になるのですか。」

根本的な質問が裁判官から提示されて太郎は驚いたが、冷静に説明に転じた。

「はい。以前の書面でも説明させていただきましたが、売上が発生しなかった場合に、同様に発生しなくなる経費が変動費です。これらの経費は、売上が上がらなかった際に節約できたのですから、損害額から控除する必要があります。」

可能なかぎり分かりやすく説明しているつもりなのだが、裁判官は眉間にしわを寄せている。

「そうだとしても、変動費と固定費の区別は、結局正確にはできないのではないですか。」

「そうですね。限界はあると思います。」

「だとしたら、経費項目の構成要素を明らかにしても、時間ばかりかかるだけで、立証し切れないのではないですか。」

そうかもしれないが、やってみないと分からないじゃないか。太郎は裁判官の消極的な姿勢に納得できなかったが、訴訟手続で固変分解に全く立ち入らないことになると、損害額を減額する要素がほとんどなくなってしまう。そのため、必死になって抵抗を試みた。

「請求書や領収書、それに総勘定元帳のような具体的な資料をいただければ、どのような構成要素によって経費項目が構成されているかわかります。何も資料を開示しない状態で、功を奏しないという結論を予測するのは、まだ早いのではないでしょうか。」

裁判官と太郎のやり取りを聞いていた、高城販売の弁護士が間に割って入った。

「裁判長。以前のやり取りでは、2年分の財務資料の開示を行えば、それ以外の財務資料の請求は行わないという話だったと思います。そうであるにもかかわらず、請求書や領収書、あまつさえ総勘定元帳を示せなどという被告の主張は、以前の訴訟指揮に真っ向から反しています。」

裁判官も原告弁護士の言葉に同調した。

「確かに、以前そのようなやり取りがなされたことを記憶しています。」

太郎はあわてて反論した。

「財務資料が開示された結果を踏まえ、変動費を明らかにする資料の提出が求められることは当然の流れです。以前の資料開示は、納税申告書や月次PLに関するものです。変動費か固定費かについて検討するための資料は当然必要になります。」

高城販売の弁護士が鋭く突っ込む。

「何でそれらの資料をこちらが提出しなければならないのですか。被告に立証責任があるんじゃないですか。」

太郎も必死に食い下がる。

「指摘した経費項目が変動費であることは明らかです。それを否定したいのでしたら、そちらで資料を提出してください。」

このようなやり取りを30分ほど行った後に、裁判官が締めくくるように発言した。

「分かりました。それでは、まずは被告の方で変動費が損害額から控除されるという点について、今一度適切な主張を行ってください。また、開示を求める資料も、現段階のように広範なものではなく、限定的に行っていただくよう再考してください。その結果を見て、今後の訴訟指揮を検討したいと思います。」

太郎は先ほど裁判所で行われたやり取りを思い返すたびに、憂うつになった。

……Scene 10「裁判官の交代」（130頁）へ続く。

解　説

1 ▪ 求釈明

(1) 賠償請求を受けている側の注意点

＞変動費の当たり

損害賠償請求を受けている側としては、まずは決算書等を入手する必要がある。決算書等を入手する目的は、変動費がどの項目であるのかという当たりをつけるためである。そのため、入手する決算書は多ければ多いほどよいし、月次のように細分化されているものもあればそれに越したことはない。

決算書を入手したら、業種に応じて概ねの変動費の当たりをつけることになる。その際には、業態ごとの原価指標も参考になるだろうし（210 頁参照）、具体的な業務実態等も加味して検討を行うべきである。

また、各経費項目の推移と売上高との関連性を調べて、変動費の当たりをつけることも有用である。たとえば、以下のような２つの経費があったとする。

（単位：千円）

科目	1月	2月	3月
売上高	1000	1100	1150
通信費	120	115	110
運搬費	200	231	240

これを売上高に占める割合を算出すると以下のようになる。

科目	1月	2月	3月
通信費	12%	10.45%	9.57%
運搬費	20%	21%	20.87%

売上高と比例関係にあるということは、売上高に占める割合がほぼ一定の関係に立つことになる。上記の例では、通信費は比率が 12%から 9.57%の間で変動が見られるが、運搬費は概ね 20%から 21%の間で推移している。

そのため、通信費は変動費とは考えにくいが（売上高とは他の要因で変動している）、運搬費は変動費である可能性が高い。

やみくもに全ての経費について変動費である可能性があるとして、資料開示を求めたとしても、裁判官も相手方も資料開示に応じる可能性は低い。そのため、このように合理的理由に基づいて、変動費である可能性が高いことを示しつつ、資料開示を求める必要がある。

＞資料開示

変動費の当たりが概ねついた段階で、相手方にこれらの項目がどのような取引によって構成されているのか釈明を求めることになる。また、それを裏付ける資料の開示を求めることになる。

変動費であると認定されてしまうと、損害額から控除されてしまう可能性が高まる。そのため、相手方が任意に資料開示等に応じないことも考えられる。ストーリーにもあったように、変動費であるとの当たりの根拠に合理性が認められるのであれば、当該経費は変動費であると決めつけて、相手方が積極的に反証せざるを得ない状況を作り出す方法も考えられる。

＞開示対象

資料開示といっても、比較的規模の大きな会社であれば、1つの経費項目にかかわる取引は数百や数千にも及ぶことがある。これら全ての原資料の提出を求めることは、実務上煩雑であるし現実的でない。相手方の会社がどのような形で財務データを管理しているかにもよるが、可能であれば総勘定元帳データ、それが難しいのであれば対象科目の仕訳帳、もしくは補助科目明細等の開示を求め、気になる取引についてだけ、その原資料の開示を求めることが現実的だろう。なお、これらの釈明を効果的に行うためには、どのようにして原資料から仕訳が起こされているのかを理解しておく必要がある（詳細は194頁）。

⑵　賠償請求している側の注意点

＞立証責任

損害賠償請求の立証責任は、原則として賠償請求を行う側に課されている（58頁参照）。ただ、変動費であることの立証責任がいずれの当事者に課されているかは判然としていない。

とはいえ、裁判官が変動費か否かを判断する場合、原告と被告のいずれの主張が合理的かという観点から判断を下すことが通常であり、立証責任を厳密に適用して判断するケースは少ないと考えられる。

そのため、賠償請求を受けている側から、ある経費項目が変動費である旨の主張がなされ、それに合理性が認められると裁判官が考えているような場合には、賠償請求をする側としては積極的に資料を開示して、当該経費が固定費である旨の反論を行わなければならない。

＞資料開示

賠償請求を受けている側から資料開示を求める求釈明等がなされたとしても、法的な強制力がない限り、これに応じるか否かは相手方の裁量に委ねられる。賠償請求をする側としては、賠償請求を受けている側が要求する資料を開示することは、反論に用いられるおそれがあることに加え、資料の準備自体も煩雑である。そのため、基本的に賠償請求をする側としては資料開示に消極的な姿勢を示すことになる。

もっとも、既に述べたとおり、裁判官が賠償請求を受けている側の主張になびき、特定の経費項目を変動費であると考えている様子であるときには、賠償請求をする側としても資料を開示して積極的に反証を行わなければならない。

したがって、賠償請求をする側が資料を開示すべきか否かの判断は、裁判官の訴訟指揮によるところが大きいと考える。

2 ▪ 公認会計士の意見書

ある程度財務書類及び原資料が出揃った段階で、限界利益額（営業損害額）を示した公認会計士の意見書を証拠として提出することも有用である。営業損害以外の分野でも、医療訴訟では医師の意見書、家賃増減額訴訟では不動産鑑定士等の鑑定書等、その分野の専門家の意見書を提出することは往々にして見られる。また、損害額の推定規定がある知的財産分野の賠償請求では（45頁参照）、既に限界利益の算定につき、公認会計士の意見書がしばしば提出されている。

もちろん、費用対効果の問題もあろうが、それに見合うだけの請求を行っている場合、もしくは請求を受けている場合には、提出を検討してみてもよいだろう。また、公認会計士に固変分解を有効に実施するために必要な資料の種類を相談することも、有効な資料開示を行う上で役立つものと考える。

Excel

弁護士は、一般的な社会人と比較するとExcelを扱うことが苦手であることが多い。弁護士業務で用いる書面作成ソフトのほとんどは、Wordであり、表計算ソフトであるExcelを用いることが極端に少ないからである。しかしながら、営業損害の分野ではExcelを活用する必要がある。固変分解にも用いるが、異常値が存在しないか確認するための分析的手続には、Excelが不可欠である。

そのため、簿記検定と同じように、Excelのスキルも身につけておいて全く損はない。さらに、他の業務にも活用できる可能性が高い。マクロまで扱える必要はないが、簡単なExcel関数を扱える程度になれば、営業損害の分析を十分実施できるようになるだろう。

Scene 10

裁判官の交代

前回の裁判期日では、太郎の方で変動費が損害額から控除される理由と開示を求める資料の限定を行うように指示されていた。期日間に頭をひねってみたものの、変動費が損害額から控除される理由については、既に可能なかぎり分かりやすく説明したつもりでいる。どうして裁判官がこの点に理解を示してくれないのか、太郎にはさっぱり分からなかった。

とはいえ、考え得るかぎり分かりやすい内容で書面を作成し、資料開示を要求する経費項目も変動費の疑いが高いものに限定するとともに、当該経費項目にかかわるものに限定して仕訳帳の開示を求めることにした。準備書面を提出した後も気持ちは晴れなかった。ストレスからか、胃がキリキリしてくる。深くため息をつき、重い腰を上げて裁判所に足を運んだ。

◉

裁判所の準備室で相手方弁護士と一緒に裁判官が来るのを待っていた。ガチャッとドアが開く音がして裁判官が部屋に入ってきた。一礼して顔を上げた太郎は、アッと驚いた。 裁判官席に座っていたのは、これまでマルマエ食料の裁判を担当していた中年の男性裁判官ではなく、30代後半くらいの女性裁判官だったからである。高城販売の弁護士も驚いているのが表情からうかがえた。

「すみません。裁判所の都合により、こんな時期ではありますが裁判官の交代が行われました。本件は私が引き継いで担当したいと思います。」

「前任の裁判官はどうされたのですか。」

太郎は思わず口にした。

「別の部署で急な欠員が出たため、前任の裁判官はそちらの担当になりました。私もまだ異動したばかりであり、事案の十分な把握ができていないかと思いますが、頑張りますのでよろしくお願いします。」

太郎は、嬉しくて視界がパッと開けるようだった。後任の女性裁判官がどのような訴訟指揮をするのか分からないけれども、少なくとも前よりかは悪くはならないだろうと思った。

裁判官は話を続けた。

「これまでの書面を拝見しますと、本件では損害額が主要な争点と見受けられます。被告側からは、売上が発生しなかったことに伴い、節約できた経費を損害額から控除するという主張がなされています。また、訴状請求額の元となった平成28年２月の月次損益計算書の信憑性についても疑問が提示されています。」

太郎はそのとおりと言わんばかりに首を大きく縦に振った。そういえば、平成28年２月の月次PLの信憑性について、前回期日には話題に上らなかったことに今更ながら気がついた。

「これらの争点につき、被告側から資料の開示と、平成28年２月の月次損益計算書の内容に疑義が示されていますので、この点のご対応を原告側でお願いできますか。」

太郎は「いいぞ！」と内心ガッツポーズした。高城販売の弁護士は、突然風向きが変わったことに驚き、あわてて発言した。

「ちょっと待ってください、裁判長。財務資料の提出については、これまで十分に行っており、前任裁判官とのやり取りでもこれ以上の資料の提出は行う必要がないということになっていたのです。」

「そうなんですか？　被告代理人？」

裁判官がけげんそうな顔をして太郎の方を向いた。

「いえ。これ以上の資料の提出が必要ないなどということはありません。資料の開示が広範にわたると問題とのことでしたので、限定して開示請求するよう指示され、今回の書面にて限定した次第です。」

裁判官は太郎の発言を聞いて軽くうなずき、原告側に向かってこう伝えた。

「本件で財務資料に関する証拠を有しているのは、原告側となります。原告側に不都合がないのであれば、開示して釈明された方がよいのではないでしょうか。被告側が開示を求める理由も合理的だと思いますし、開示の範囲も限定されていますから、それほどお手間はかからないと思いますが。」

結局のところ、高城販売の弁護士は太郎が求めていた資料の開示を検討すると述べ、平成28年2月の月次PLについても次回期日までに反論するということで、本日の期日は終了した。

裁判所に向かう時は暗雲立ち込めていたが、帰りの電車に乗り込む際には、太郎は満面の笑みを浮かべていた。「俺はついてる！」太郎は心の中で連呼した。

その後、高城販売の弁護士から、太郎が指摘した経費項目に関する原資料と仕訳帳が提出された。開示がされなかった場合にはどうしようかと考えていたが、先方弁護士は開示しないと裁判官が不利な心証形成を行うと危惧したのかもしれない。

開示された資料を西野とともに検討した結果、以下のような結論に至った。

（旅費交通費）……固定費

勘定科目を構成している資料からしても売上高とは無関係なものであった。また、営業停止していた間も特段変動は見られなかった。

（広告宣伝費）……変動費

売上高と一定の関係が認められた。また、実際に営業停止になる数日前から広告は中止していた。

（通信費）……固定費

電話料金やネット回線などを固定的に支払っている費用だった。一部、営業停止時に発生しなかった通話料などもあるが、判然としないため固定費として扱うこととした。

（接待交際費）……固定費
売上高とは無関係な費用であった。
（給料手当）……固定費
従業員の基本給等であり、固定的に発生する費用であった。
（雑給）……変動費
これは時間外労働手当（残業代）であることが判明した。営業停止時には発生しないため、変動費と判断された。
（光熱費）……節約可能固定費
通常営業時には固定的に支払われる固定費としての性格を有していた。しかし、営業停止時には、大半の光熱費の支払をストップしており、節約可能な固定費であると考えられた。
（発送費・配達費）……変動費
商品の配達や発送のための費用であり、売上高と連動する変動費であった。
（減価償却費）……固定費
定額法又は定率法により、売上高とは無関係に規則的に発生する費用である。
（地代家賃）……固定費
売上高とは無関係に発生し、営業停止時も通常どおり支払わなければならなかった。
（雑費）……固定費
固定費と変動費が混在しているものの、どの費用が変動費か判然とせず、変動費の割合も小さいものと考えられたため、固定費として扱うこととした。

一方で、平成28年2月の月次PLの信憑性の点については、高城販売側は一貫して、「この月の売上高が異常なのではなく、翌月も同様かそれ以上の利益を確保できる予定であったが、営業停止処分の影響で利益が落ち込んだのである」との主張を崩さなかった。

太郎は上記変動費と認められる項目を損害額から控除すべきこと、平成28年2月の月次PLについては、請求金額を過大請求するための利益操作であると主張し続けた。高城販売からも反論があったものの、女性裁判官は概ね太郎の主張に共感を示してくれていた。ただ、平成28年2月の月次

PLが不正に作られたという点については、これまで提出されている証拠からして、そこまでは判断できないかのような見解を示していた。

月次PLは、税務署等に提出する書面ではない。社内資料であるため、年間合計額が年間PLと一致していれば、容易に改ざんが可能になる。そのことを何度も裁判官に説明したのだが、そうだとしても証拠が足りないとして、裁判官の心証は変わらない様子だった。

……Scene 11「尋問」（138頁）へ続く。

解　説

1 ▪ 裁判官の訴訟指揮

これまでも何度か触れてきたが、営業損害に関する訴訟において裁判官の訴訟指揮は非常に重要な位置を占めることになる。もちろん、他の裁判であっても裁判官の訴訟指揮は重要である。しかし、証拠が偏在しているため、裁判官が主張の内容を理解してくれて積極的に証拠開示を勧めてくれるか否かは、裁判の勝敗を分けるポイントとなる。

裁判官は多くの場合、非常に多数の事件を1人で抱えている。そのため、ただでさえ分かりにくい会計理論の話を端折って書いたり、もしくは冗長に書いたりした書面が提出されると、積極的に理解する姿勢を失うこともあろう。これは裁判官の責任ではなく、裁判官のそのような状況を知りつつ、分かりにくい書面を提出する弁護士の責任である。

必要十分な内容を分かりやすく簡潔に伝える書面を作成することが、代理人である弁護士に課せられた役割である。

2 ▪ 具体的な原資料による固変分解

実際には種種雑多な原資料の存在が想定されるため、一概にどのような原資料が存在すれば変動費と考えられるかなどということはできない。しかし、以下のような具体的な事情を示す原資料（契約書、注文書、電子メール等）があれば、変動費との認定を受けることも可能になるだろう。

＞広告宣伝費

毎月一定額のチラシやフリーペーパー等の広告を行っており、それが売上高の変動にも影響されない場合には固定費と考えられる。

一方で、インターネットのリスティング広告のように、インターネット上のショッピングモールのURLをクリックした数に応じて広告費が発生するのであれば、それは売上高と連動した変動費としての性質を有しているといえる。

＞通信費

通常の会社では通信費は、売上高と比例関係にはなく固定費であると考えられる。しかし、テレホンアポイント業のように、通信費のほとんどが電話代である場合などには、売上高と通信費は連動しており、変動費としての性質が強い。

＞給料手当

正社員の給料は、通常基本給が固定的に支払われるので固定費としての性質を有する。一方で、残業代や臨時で雇った派遣社員の給料などは、売上高が増加すれば、それに比例して増加するものと考えられる。そのため、このような関係にある給料は、変動費としての性質を有しているといえる。

＞地代家賃

地代家賃は、売上高が増減したとしても、通常は毎月一定額を納めなければならない。そのため、固定費の代表格ともいえる。しかし、営業停止の結果、工場閉鎖等により地代家賃の支払がなくなった場合には、節約可能固定費として営業損害から控除すべき対象になる。

裁判官の交代

裁判官は公務員であることから、他の多くの公務員と同様に、2～3年おきの４月に、別の部や裁判所に異動する。もっとも、病気による欠員や公証人等に転職したことなどにより、４月以外の時期に異動が行われることも稀にある。

裁判では、どの裁判官が判断しても概ね結論が変わらないものもあるが、それ以外の多くの裁判は、裁判官によって結論が異なる。もちろん、弁護士の力量によっても結論は変わり得るが、裁判というフィールドにおいて、最終決定権を有する裁判官ほどの影響を与えることはできない。

弁護士であれば誰でも、裁判官の交代によって負け筋の訴訟が勝ち筋に変わったり、逆風が吹いたりという経験を有している。そのため、勝ち筋の事件で裁判官が交代すると、弁護士としては風向きが変わらないか気が気でなかったりする。逆に、負け筋の事件で裁判官が交代すると、前任の裁判官と心証が異なっていないかと期待するものである。

それだけ裁判官の交代は一大イベントであり、４月が近づくと、勝ち筋の立場にある弁護士は、裁判官に「異動はないですかね」と確認したりするものである。

Scene 11

尋問

民事訴訟における尋問手続は、通常、訴訟の終盤に行われる。裁判というと、法廷での尋問手続を思い描く人も多いが、実際にドラマのような尋問手続が毎回行われているわけではない。尋問に至る前に和解が成立して終了してしまう訴訟事件の方が、むしろ一般的である。尋問手続は、午後一杯もしくは終日法廷を独占して行われるため、裁判所にも弁護士にも負担になる。そのため、1つの裁判で何度も尋問を行うことは合理的ではなく、最後にまとめて尋問を行うことが一般的なのである。

女性裁判官に代わってから、数回ほど双方に和解の可能性はあるのか尋ねられたことがあった。しかし、固変分解に関する主張や、損害額の前提となっている平成28年2月の月次PLの信憑性を巡り意見が対立していたことから、尋問前に和解が成立することはなかった。

高城販売との訴訟もいよいよ次回期日に尋問が行われることになった。当初、双方の社長のみが尋問当事者となればよいかと考えていた。しかし、飯嶋先生と協議した結果、社長だと細かい経理の内容を質問しても「知らない」と回答されるおそれがあることから、高城販売の経理担当者も尋問当事者とした。

これまで飯嶋先生は、この訴訟期日には顔を出していなかった。しかし、尋問手続は書面での応酬と異なり、リアルタイムの駆け引きが物を言う1回きりの真剣勝負である。そのため、飯嶋先生も尋問期日に出席することになった。西野にも次回に尋問が行われるとして、一応日時を伝えたが、裁判は平日の日中に行われるため仕事で来られないだろうと思っていた。

◉

尋問当日。期日30分前に裁判所の1Fロビーで、法廷に立つマルマエ食料の社長と落ち合った。初めて法廷に立つということで、社長は少し緊張気味だった。とはいえ、本件で一番重要な尋問対象となるのは、高城販売の経理担当者である。社長には、落ち着いて真実を記憶のまま答えればいいですよと告げた。

法廷の向かって右側、被告側の席に太郎と飯嶋先生が着席した。しばらく経って、高城販売の弁護士と社長、経理担当者らしき人物が法廷に入ってきた。社長と経理担当者に宣誓書等に署名押印させた後、高城販売の弁護士が法廷に向かって左側に着席した。

それとほぼ同じくして、書記官が、

「起立」

と大きな声を法廷に響かせた。黒い法服を来た女性裁判官が登場し、法廷内の全員が起立して一礼した。太郎は裁判官がこちらに好意的な女性裁判官のままであることを確認して、内心ホッとしていた。尋問直前に裁判官が交代する可能性もないわけではないからである。

尋問前の諸手続が終了し、最初に尋問を受ける高城販売の経理担当者が証人席に座った。証人席は、裁判官から見下ろされ、原告側と被告側の弁護士にはさまれる場所に位置する。経理担当者は、太郎の目から見ても明らかに緊張している様子がうかがえた。

まずは、原告側から経理担当者に主尋問が行われる。主尋問は、予定されていた質問と回答を行うことが通常であり、特段目新しい事実が提示されることはない。高城販売の弁護士は、被告側が変動費や節約可能固定費であると主張している経費項目につき、固定的に支払うものが大半であり変動費とは言えないという回答を引き出していた。また、平成28年2月の月次PLについても、いつもどおりの月次PL作成手続に従ったものであるとの回答を引き出していた。主尋問は40分ほど行われた後、原告弁護士が満足げにうなずいたところで終了した。

続いて反対尋問である。主尋問が事前の打合せどおりの尋問だとしたら、反対尋問はその逆である。敵側の証人に対して、事前の打合せなどできずに臨むため、どのような回答がなされるか予想できないことも多い。太郎はここ数日、この尋問の準備に頭を悩ませていた。どのような質問が最適なのか、どのような回答がなされるのだろうかと、あらゆる状況を想定して臨んでいた。

「では、被告側から反対尋問をどうぞ。」

裁判官の声が法廷に響く。太郎が立ち上がった時、傍聴席の扉が開き、キョロキョロしながら西野が傍聴席に入ってきた。その様子を横目で見ていた太郎は、ギョッとして目を見開いた。動揺せずに、今は目の前の反対尋問に集中しなければならない。波立った心を鎮めながら、経理担当者に向かって質問を開始した。

「被告代理人から反対尋問を行います。」

太郎がそう言った途端、書記官から、

「代理人の名前をおっしゃってください。」

と注意された。被告側には飯嶋先生と太郎の２人の弁護士が出廷している。この場合には、誰が尋問しているか尋問事項書を読んだ際に分かるように、代理人の名前を告げてから尋問しなければならない。西野が見ているというのに、いきなり書記官に注意されたことで、カッと頭に血が上ってしまった。

太郎が予定していた尋問事項書に従って質問するものの、経理担当者の回答は高城販売の弁護士との事前準備のせいか取りつく島がない。太郎の質問はだんだんと早口になり、自分自身でも何を質問しているか分からないような状態となってしまった。そして、気が付いた時には用意していた質問は全て終わっていた。

席に座った太郎は、がっくりとうなだれた。傍聴席には西野のほかに、これから尋問を控えているマルマエ食料の社長が座っている。太郎は心底落ち込み、傍聴席の方に目を向けることができなかった。

「被告代理人の飯嶋から質問いたします。」
意気消沈している太郎の隣で、飯嶋先生による反対尋問が始まった。
「最初に裁判官から注意があったように、この法廷で嘘の証言をすると偽証罪という刑事罰に問われるおそれがありますから、記憶に沿って嘘のないようご発言願います。」
「はい。」
若干、経理担当者の背筋がピンと伸びたようだった。
「先ほど主尋問の際に、平成28年2月の月次PLをいつもどおりの月次PL作成手続に従って作成したと述べましたね。」
「はい。」
「この月次PLを作成したのはいつですか。」
「月次PLは、通常四半期ごとに作成します。ですので、平成28年4月頃だと思います。」
太郎は飯嶋先生の尋問を聞いていて、ハッとして顔を上げた。平成28年2月の月次PLを作成していたのは、営業停止が起きた3月以降だったのか。だとすれば、損害賠償のことを念頭に置いて作成した可能性も十分疑われる。
「いつもどおりの作成手続の具体的内容を教えてほしいのですが。通常どのように月次PLを作成しているのですか。」
「日々、請求書等に基づいて会計システムに入力するとともに、四半期ごとに整理仕訳などを入れて完成させます。」
「日々の会計システムの入力はあなたの仕事なのですか。」
「はい、そうです。」
「決算整理仕訳を入れる担当者は誰ですか。」
「私が整理仕訳を入れた後、社長が最終確認を行います。」
「なるほど。社長が会計システムの確認を行うことがあるのですね。社長が仕訳を入れることもありますか。」
「通常の取引でない特別な取引が生じたときなどには、社長が自ら仕訳を入れることがあります。」

太郎は、傍聴席に座っている高城販売の社長を盗み見た。表情は平静を装っているものの、落ち着きなく、経理担当者の発言を気にしている様子がうかがえる。

「特別な取引とはどういった取引でしょうか。」

「その辺は私も詳しくは把握していません。」

「ということは、あなたは会社の決算書の全てを把握しているわけではなく、日常的な取引のみ担当しているという理解でよろしいですか。」

「はい。」

「話が変わりますが、御社では特定の時期に売上高が伸びるなどの季節変動はあるのでしょうか。」

経理担当者がよく知っている内容になったため、表情がパッと晴れて自信を持って答えた。

「季節変動はあります。年末商戦のある12月は売上も利益も高くなります。後は、お盆のある8月に普段よりも売上が付きます。」

「なるほど。それ以外の月は概ね売上も利益も一定ですかね。」

「そうですね。もちろん、若干の変動はありますが、概ね一定です。」

この時点で、太郎は飯嶋先生が予定している質問の内容に気がついた。原告代理人も気付いたようだった。経理担当者はまだ気がついておらず、嬉しそうに答えている。

「裁判長。甲15号証を示します。」

「平成26年度の月次PLですね。」

裁判長は訴訟記録を開きながら、平成26年4月から翌年3月までの月次PLを確認した。飯嶋先生は、平成26年度の月次PLを経理担当者の前で開きながら確認した。

「これは、平成26年度の月次PLです。先ほどおっしゃったとおり、12月と8月の売上は高く、他の月の売上高はほぼ一定ですね。」

「はい。」

「利益についてはいかがですか。」

「利益は売上高の変動によって上下しますが、利益率は年間を通じて概ね一定だと思います。」

「平成 26 年度の営業利益を売上高で割ってみたところ、営業利益率は－1.42％になりました。一方で、平成 27 年度の営業利益率は－2.32％になります。この差額の理由は分かりますか*。」

＊ 113 頁参照

「それは、平成 28 年 3 月に起きた営業停止のせいだと思います。営業停止が解除されたあとも、風評被害でお客さんが元に戻るまで時間がかかりましたし。」

「ということは、営業停止になる前は、平成 26 年度も平成 27 年度も概ね同じ利益率だったと伺ってよろしいですか。」

「そうですね。12 月と 8 月以外は。」

「裁判長。甲 6 号証、平成 28 年 2 月の月次損益計算書を示します*。」

飯嶋先生は問題の月次 PL を経理担当者の前に広げた。

＊ 66 頁参照

「この月の営業利益率を計算したところ、約 0.5％のプラスになるのです。先ほどあなたは、12 月と 8 月以外は、概ね平成 26 年度の営業利益率－1.42％程度だとおっしゃいましたね。なぜ、この月は 2％も異なっているのですか。」

経理担当者は顔をしかめて口をつぐんだ。

「どうしたのですか。何か特殊な事情でもあったのですか。」

「私にはどうしてだか分かりません。」

「あなたとしては、この利益率の変化の原因を把握していないのですね。」

「はい。」

「ということは、会計システムを誰か別の人、たとえば社長などが修正を入れた可能性があるということですか。」

高城販売の弁護士が大声を上げた。

「異議あり！　証人が直接経験していない推測した事実を尋ねています。」

裁判官は飯嶋先生の方を見た。

「どうですか、代理人。」

「先ほど証人は、社長が会計システムを扱うことがあると証言していました。その証言に基づき、平成 28 年 2 月の営業利益率が異常となっている合理的可能性を検討していたにすぎません。」
「原告代理人の異議を認めます。被告代理人は質問を替えてください。」
飯嶋先生は、表情を崩さずに質問を替えた。
「あなたは、平成28年2月の月次PLが適切に作成されたのかが争点であると知っていましたか。」
「……。知りませんでした。」
ちょっとためらった後にそう答えた。
「先ほどの主尋問で平成28年2月の月次PLは、いつもどおりの作成手続で作られたと述べていませんでしたか。」
「はい。そう述べましたが。」
「尋問の事前打合せの際に、平成28年2月の月次PLの信憑性が争点であると伝えられていませんでしたか。」
「……。」
「あなたは、平成28年2月の月次PLに関する仕訳につき、異常な仕訳が混在していないか確認しましたか。」
「していません。」
「どうしてしていないのですか。」
「……。」
経理担当者は、困惑気味に高城販売の社長の顔色をうかがっている。高城販売の社長は、そっぽを向いてこれに応えない。
「あなたは、先ほどから回答せずに黙っていますね。もう一度質問しますから、正直に答えてください。どうして、平成28年2月の月次PLに異常仕訳が混在していないか確認しなかったのですか。」
「……。誰かが会計システムに何らかの仕訳を入れたのだとは思いましたが、平成28年度の決算書はもうこれでいいと言われていたので。」
「誰が、もうこれでいいと言っていたのですか。」
「社長からそのように指示を受けました。」
そっぽを向いていた高城販売の社長が、突然、血相を変えて
「何だと！」

と怒鳴った。

「原告代表者は静かに！」

裁判官にとがめられ、社長は中腰になっている腰を椅子に落とした。

「社長からどのような指示を受けたのですか。」

「はい。私が平成28年2月の月次PLだけ黒字となっているので、間違った仕訳が入っている可能性があると指摘したところ、社長からそれはこのままでいいと言われました。」

「分かりました。この点は後ほど社長に伺いましょう。」

その後の高城販売の社長の尋問では、特段目新しい事実は明らかにならなかった。おそらく嘘をついているのだろうが、それを覆す決定打が欠けていたという理由もある。ただ、「経理担当者に平成28年2月の月次PLをそのままでいいと指示してはいない」と明らかに経理担当者と異なる供述をしたことから、裁判官の心証も相当悪いものになったであろう。マルマエ食料の社長の尋問も予定どおり淡々と進められ、特段問題は生じなかった。

◉

尋問終了後、太郎の紹介で西野と飯嶋先生が名刺交換をした。飯嶋先生は、本件では大変お世話になりましたと西野に頭を下げていた。

先に歩き出した飯嶋先生の後ろで、西野は太郎にコソコソと話しかけてきた。

「あの飯嶋先生って、ただ者じゃないよ。会計のことよく知っている。」

「そうなんだ。」

そういえば、これまでも幾度となく太郎に会計的な指摘をしたことがあったなと思い返していた。太郎はそのことよりも、西野の前で大した尋問ができなかったことに少なからずショックを受けていた。

……Scene 12「判決」（148頁）へ続く。

解　説

1 ■ 尋問当事者の選定

どの訴訟でも当てはまることだが、尋問当事者として誰を選定するかという問題は、裁判の勝敗をも左右する重要事項である。営業損害を巡る訴訟の場合、会社の経理業務に精通している者が尋問当事者とならないと、「分からない」という回答で逃げ切られてしまうおそれがある。中小企業で社長が経理についても十分把握している場合には、社長のみを尋問当事者としても構わないが、別に経理担当者がいるのであれば、その者を尋問当事者から外すべきではない。もっとも、訴訟の争点が決算書類の数値ではなく、事実の有無などの別の点にある場合には、あえて経理担当者を尋問当事者にする必要はない。

このように尋問当事者の選定の問題は、後日重要な位置づけを占める可能性があるため、それ以前の訴訟対応の段階で、誰が会社の経理業務に精通しているのかを把握しておくことが重要である。

2 ■ 尋問での注意点

通常の尋問手続と異なる点として、営業損害の尋問では、専門的な会計用語や会計知識が飛び交う可能性があることが挙げられる。尋問手続で登場し得る会計用語や知識などについては、可能な限り事前に準備しておく必要がある。また、勘定科目の用い方は、会社によって独特だったりするため、可能な限り事前に求釈明などを通じて、その会社独特の会計処理などを把握しておく必要がある。

また、決算書を眺めて通り一辺倒の質問を行ったとしても、有益な回答が得られる可能性は低い。経理担当者は、通常高い経理知識を有し、少なくともその会社の経理については誰よりも知っている。その者に対して尋問で切り込み、矛盾点などを指摘するためには十分な事前準備が必要になる。

例えると、医療過誤訴訟において、主治医に尋問を行うような場合に類似している。そのため、決算書の表面を眺めるのではなく、可能な限りあらゆる角度から分析を行い、矛盾点や疑問点を事前にあぶり出しておくことが重要になる（詳細は222頁）。

なお、会計の専門用語については、適宜裁判官も理解できるように解説を加えながら尋問を行う必要がある。尋問を行った弁護士と証人が分かっていても、裁判官が尋問の内容を理解していないのであれば何の意味もないからである。

Scene 12

判決

平成28年2月の月次PLの信憑性が疑われたことから、尋問後に太郎は平成28年1月、2月及び3月の仕訳日記帳の開示請求を行い、裁判所の訴訟指揮のもと、それが開示されることになった。その結果、1月と3月に計上すべき売上が2月にずれて計上されていることが判明した。また、経費についても2月に計上されるべきものが、3月に計上されていることが明らかになった。太郎がこれまで執拗に主張していた、平成28年2月の月次PLが訴訟対策のために粉飾されていたことが最後の最後に明らかにされたのである。

さらに、仕訳日記帳を調べたところ、3月の休業期間中の給与は通常の60%しか支払われていないことが明らかとなり、この減額分は節約できていたという事実が判明した。この点については、節約可能固定費である旨の主張を追加で行った。

いずれも、太郎が数日間かけて必死になり仕訳日記帳を精査して判明した成果であった。ただ、開示された資料を分析しても正確には平成28年2月の売上と経費を算定することはできなかった。この対応として、太郎は2つの方法を考えていた。1つは、前年度である平成26年度の年間PLを用いて、休業期間の14日の限界利益を求める方法である。もう1つは、営業停止があった平成27年度の年間PLを用いて、休業期間の限界利益を求める方法である。

平成27年度の年間PLの営業利益率の方が平成26年度よりも悪い。また、売上高も平成27年度の方が低い。そのため、太郎としてはこちらを主張したいと考えていた。しかし、平成27年度には営業停止の影響が含まれており、これから導き出した限界利益は、営業停止の影響をも加味したものとなっているという問題点が存在した。とはいえ、依頼者のために最大限有利な主張を行うのが弁護士の任務であるため、営業停止の影響は軽微であるとの主張と合わせて、平成27年度の年間PL数値を用いて営業停止期間の限界利益を算定すべきと最終準備書面にまとめ上げた。

双方から提出された最終準備書面が陳述され、弁論終結の上、裁判官から判決期日が指定された。期日は弁論終結から2か月半後の午後1時10分であった。

弁論終結からしばらく経つと日常の業務に忙殺され、マルマエ食料の訴訟の件は頭の片隅に追いやられていった。しかし、判決期日の週に入ると、判決のことが気になり始め、判決前日の夜はなかなか寝付けなかった。

裁判官の心証はこちらに傾いていたと思う。ただ、そもそも裁判官が変動費を控除した限界利益が損害額であると理解してくれていないおそれもある。本件を担当している女性裁判官の表情を思い浮かべては、大丈夫だと自分に言い聞かせた。

民事訴訟では原則として判決期日に弁護士は裁判所に出廷しない。判決主文は判決期日に裁判官が読み上げるが、通常その理由は明らかにされない。判決内容を全て知るには、出廷するだけでなく判決書を取得しなければならない。そして、判決書は判決期日かその翌日には、事務所の秘書が裁判所から受け取ることができる。とはいえ、判決期日後であれば、裁判所に電話をかければ、便宜的に判決主文の内容を教えてくれることもある。

太郎は午後1時30分頃、裁判所の担当部に電話をかけた。

「事件番号平成28年（ワ）第○○号の件ですが、本日言い渡された判決主文を教えてもらえませんか。」

「ちょっとお待ちください。」

訴状で請求されていた金額は1億6425万円である。太郎の主張がほぼ全て認められた場合の損害額は、計算上約7000万円であった。書記官が書類を探している間、太郎の心臓は大きく鼓動していた。

「よろしいですか。主文を読み上げます。被告は、原告に対し、金7540万234円及びこれに対する平成○年○月○日から支払済みまで年6%の割合による金員を支払え……。」

メモを取っていた太郎の手が止まり、強く握りしめた。若干誤差はあるものの、裁判官はほぼこちらの主張を認めてくれている。太郎はすぐさま秘書の清水さんに判決書を取りに行ってほしいと頼んだ。

「太郎先生、裁判、勝ちましたか？」

「任してよ！」

と太郎はガッツポーズをしてみせた。とはいえ頭の片隅では、飯嶋先生の尋問がなかったらもっと悪い金額になっていただろうなと考えていた。

判決書を清水さんが持って帰ってきた。太郎はすぐさま判決主文を確認するとともに、裁判所の判断の欄を読み始めた。裁判官は変動費や節約可能固定費を控除すべきという太郎の主張を認めていた。しかし、その基準となる限界利益については、営業停止の影響を受けていない平成26年度を採用すべきと判断していた。その結果、太郎の予測よりも約500万円損害額が膨らんでいたのである。とはいえ、ほぼ全ての主張が認められたも同然であった。

太郎は判決内容を飯嶋先生に報告するとともに、マルマエ食料の社長にもすぐさま報告した。社長は当初4億円の請求がなされていたものが、約7500万円に減額されたことについてとても喜んでいた。

「その金額であれば、会社を潰さずにすみます。本当にありがとうございました。」

その言葉を聞いて、太郎は弁護士になってよかったなとしみじみと思った。

……Scene 13「祝勝会」（153頁）へ続く。

解　説

1 ■ 仕訳日記帳

訴訟の展開次第では、特定の科目の仕訳日記帳や総勘定元帳などの資料が開示されることがある。これらの資料は日々の仕訳の集合体であり、量が多いことが一般的である。紙ベースで証拠開示を受けることもあるが、可能であればExcelなどのデータで受領した方が、検索や加工をするのに便利である。

なお、仕訳日記帳や総勘定元帳などのデータには、取引先との機密情報なども含まれることがある。そのため、開示を行う当事者としては、機密情報の黒塗りなどの手続をし忘れないように注意する必要がある。

多数の仕訳から重要な情報を探し出すためには、ある程度簿記に関する知識が必要になる。そのため、可能であれば簿記2級程度の知識を有していることが好ましい。もしくは、公認会計士等に調査を依頼することも有用である。

2 ■ 和解対応

一般的な裁判では、概ねの主張立証が終了した尋問前に1回目、尋問終了後に2回目として、和解の打診が裁判官からなされる。もちろん、事案の性質や当事者の対立の具合から、和解成立の見込みが皆無であるときには、和解の打診がなされないこともあるが、通常は上記のタイミングで和解の話し合いが持たれることになる。

和解に応じるか否かの判断は、営業損害を巡る訴訟であったとしても、特段変わるところはない。通常どおり、依頼者の意向を踏まえて、和解すべきか否か検討することになる。

ただ、営業損害を巡る訴訟では、自らが主張している会計ロジックを裁判官がどのように理解しているのかという点を知る良い機会になる。この時点で裁判官と膝を突き合わせて話し合ってみた結果、裁判官がロジックを誤解していたことが判明することも少なくない。書面によって一方的に主張するよりも、会話によって双方向に意思疎通する方が、理解が進むことが多い。そのため、和解対応は、和解金額の話に加え、お互いの理解に誤解がないか検討する機会として活用することもできる。

Scene 13

祝勝会

太郎は西野を西麻布のフレンチに招待していた。今回の裁判の祝勝会だ。飯嶋先生からも軍資金をもらっていたので少々強気だった。

「今日は、好きなワイン頼んでいいから。」

「そう？　じゃあ、まずはこの白をボトルで入れていいかな。報酬出たんでしょ？」

「あの件は飯嶋先生の案件だから、自分には報酬はないって。ただ、祝勝会の軍資金はもらってきたけれどもね。」

と言って西野が指差しているワインの値段を見てみると、３万円を超えていた。太郎の顔が少しひきつった。この後、西野がどれくらい飲むか分からないけれども、軍資金が底をつくことも覚悟せねばと思った。

「ところでさ、太郎君。裁判に勝ったのは知ってるんだけれども、具体的にどんな内容だったの。」

太郎は裁判所が売上高から売上原価だけでなく、変動費や節約可能固定費も控除する判断をしたことを説明した。また、基準とした期間が平成27年度ではなく、平成26年度になったこともかいつまんで説明した。

「ふーん。裁判官も分かってくれたんだ。けれども、平成26年度よりも平成27年度の方が売上が落ち込んでいたんだよね。なのに、平成26年度の数値を使うのはちょっと解せないよね。平成26年度並みの売上が急に３月に発生するはずもないのに。」

「そうなんだよ。本当に。とはいえ、裁判所に合理的な拠りどころを示すことができなかったという、こちらの問題でもあるんだけれどもね。」

「なるほどね。結構、裁判って大雑把なんだね。」

「基本的に当事者双方が提出した資料のみからしか判断できないからね。

一番確実性が高い結論に落ち着くことが多いんだよ。」
そんな話をしながら、運ばれてくるフレンチのフルコースを西野は次々と平らげていた。

ボトルの赤が入ったところで、思い出したように西野が話し始めた。
「そういえばさ、太郎君のボス。飯嶋先生だっけ？　あの人かなり会計に詳しかったけれども、どうしてなのか知ってる？」
「そんな風に見えた？」
「うん。やっぱり専門分野が違うから、弁護士の人ってあまり会計に詳しくはないんだよね。たまに仕事上で弁護士の人と話すこともあるんだけれども。でも、あの先生は分かっているなぁと感心しちゃったもん。」
「そうなんだ。理由は分からないけれども、今回の件でも時々鋭い指摘をもらったなぁ。会計がかかわる仕事をしてたことがあるのかな……。そういうこと聞きづらいオーラがあるんだよ、飯嶋先生って。」
「真相不明か……、不思議な人だね。それはさておき尋問のときの太郎君、何か焦ってなかった？」
いたずらな笑みを浮かべて西野が聞いてきた。
「それは急に西野が傍聴席に現れたからだろ！　来るなら来るって、事前に話しておいてよ。」
「そうだったんだ。ごめんごめん。傍聴席なんて見てるんだ。私のほかにも傍聴席に座っていた人がいたけれども、あれって知り合いじゃないよね。」
「うん。尋問の時は、数人の傍聴人がいることが通常かな。社会科見学などで学生が傍聴席を埋めているときは、いつもよりも気合が入ったりするよ。」
「裁判官も？」
「たぶんね。人間だしね。」

３本目のボトルが注文された時点で、太郎は軍資金が底をついたことを確信した。こんなに酒が強かったのかと、少し恐れをなしていた。

「そういえばさ、太郎君。今回問題になった決算書って、最終的には赤字だったじゃない。」

「うんそうだね。平成26年度も平成27年度も。それがどうかしたの？」

「仮に黒字だったとしたら利益に法人税がかかるよね。」

「そうだね。」

「法人税って、利益の額に応じて変動するよね。」

この時点で、西野が言いたいことに気がついた。

「税金は変動費だってこと？」

「そう、その要素はあるよね。」

「ということは、黒字会社の場合には、税金分も損害額から控除すべきってことになるの？」

西野は微笑みながら指を振った。

「私も一瞬そうかなと思ったんだけれども、賠償金を獲得した時点で賠償金にも税金がかかるんだよね。」

「どういうこと？」

「だから、営業停止した期間には、その間に利益は発生しないので、税金は確かに免れているんだけれども、その後に賠償金を得たときに課税されるから、結局は節約できないんだよね。」

「なるほど。税金を納める期間は変動するけれども、賠償額算定における変動費のように考えることはできないんだ。」

「とはいえ税金といっても、いろいろな種類の税金があるからね。利益の額に左右されない税金もあるし。大雑把に括ることはできないんだ。」

会計に税金、まだまだ知らないことが多いなと苦笑いし、グラスに注がれた赤を一気に飲み干した。

……第1話「会社全体の営業停止」　完

解　説

1 ▪ 法人税の扱い

税金の中には、所得の増減により影響を受けないものも存在する。そのような税金は、固定費としての性質を有するので、限界利益算定において無視することができる。

一方で、法人税は、法人の所得に税率を乗じることによって算定される。たとえば、以下のように便宜上、法人税を25%と仮定して、売上高が減少した場合を考えてみよう。

〈状況 1〉　　　　　　　　　　　　　　　　（単位：円）

売上高	16,000,000
変動費	4,000,000
固定費	3,000,000
税引前当期純損益	9,000,000
法人税	2,250,000
当期純損益	6,750,000

〈状況 2〉　　　　　　　　　　　　　　　　（単位：円）

売上高	8,000,000
変動費	2,000,000
固定費	3,000,000
税引前当期純損益	3,000,000
法人税	750,000
当期純損益	2,250,000

状況1の売上高は1600万円であるところ、状況2の売上高は800万円まで減少している。それに伴い、法人税も225万円から75万円まで減少している。このように、法人税は売上高と連動しており、変動費としての性質を有するとも考えられる。言い換えれば、営業停止などの影響によって売上高が減少した場合、その分だけ法人税の支払を免れているとも考えられる。

しかしながら、法人税法基本通達2-1-43は、以下のように定めている。

（損害賠償金等の帰属の時期）

2-1-43　他の者から支払を受ける損害賠償金（債務の履行遅滞による損害金を含む。以下 2-1-43 において同じ。）の額は、その支払を受けるべきことが確定した日の属する事業年度の益金の額に算入するのであるが、法人がその損害賠償金の額について実際に支払を受けた日の属する事業年度の益金の額に算入している場合には、これを認める。（昭 55 年直法 2-8「六」により追加、平 12 年課法 2-7「二」、平 23 年課法 2-17「四」により改正）

つまり、損害賠償を受け取る場合には、賠償金を受けることが確定した日（和解成立や判決確定等）か実際に現金を受領した日に、益金計上しなければならないのである。

営業停止の影響により、本来状況１であったものの、状況２のような状態になったとする。その翌期に営業停止の分だけ賠償金を得たとした場合の財務諸表は、以下のようになる。なお、賠償金額は、状況１の限界利益 1200 万円と状況２の限界利益 600 万円の差額の 600 万円とする。また、固定費は賠償金獲得以外の売上高について発生しており、賠償金には計上しないものと考える。

〈状況 3〉　　（単位：円）

賠償金	6,000,000
変動費	0
固定費	0
税引前当期純損益	6,000,000
法人税	1,500,000
当期純損益	4,500,000

このように、状況１と状況２との法人税の差額である 150 万円については、賠償金を獲得した翌期の法人税として課されることになる。このように、賠償請求者が法人税の支出を節約できたというわけではないので、法人税は、変動費として営業損害から控除すべき性質のものではないと考える。

もちろん、訴訟対応費用の発生、税率変更の問題や繰越欠損金の範囲の問題等、正確には上記のように損益が一致しないこともあるだろうが、損害の公平な分担という損害賠償の制度趣旨からすれば、税金を無視して営業損害を算定することは合理的であると考える。

第2話

1プロジェクトの営業停止

ある程度会計知識に慣れたと思っていた太郎のもとに、
またしても営業損害に関する事件の依頼が。
プロジェクト単位の営業損害をどのように算定するのか、
太郎の前に新たな問題が立ちはだかります。

Scene 1

固定費と損害額

太郎が裁判所から帰ってきて、パソコンのメールチェックをしようと思った時、飯嶋先生から緊急の相談があるから打合せに同席できるかと尋ねられた。

「ええ。いいですよ。」

と答えながら、何かやっかいな問題でも起こったのかなと頭の片隅で考えていた。

相談相手は、顧問先のIT企業である株式会社ITTCであった。ITTCでは、システムエンジニア（SE）を抱えてソフト開発やシステム対応等を行っている。

「先生。もう起こってしまったことなのですが損害賠償を請求したいのです。」

ITTCの社長は、まだ30代後半の前野だ。果敢なチャレンジを行い、会社設立から7年しか経っていないのに、既に100名弱の従業員を抱えている。株式上場も視野に入れているやり手社長だ。前野の話を整理すると以下のようになる。

ITTCは、取引先の株式会社シーメントの依頼を受けて、3年間の中期プロジェクトのために10名のSEを専属的に対応させていた。このプロジェクトはシーメントの電子商取引（EC）サイトの支援業務であり、ITTCは当該ECサイトから得た売上の10%を報酬として受け取る契約を締結していた。ところが、シーメントは、契約期間がまだ6か月も残存している平成28年7月1日に、一方的に契約を破棄し、他の業者にECサイトの支援を委託したのである。シーメントは、ITTCのSEに落ち度があったため契約を解除したと主張しているものの、聞いたかぎりでは契約解除事由には程遠いものであった。

ITTCはプロジェクトが消失したとしても、そのSEに給与を支払い続けなければならなかった。一方で、これら10名のSEは、シーメントのプロジェクトのみに対応する特殊技術を有した者であり、その他のプロジェクトに転用することができなかった。そのため、ITTCとしては、何も仕事をしていない10名のSEに対して、給与を支払い続けなければならなかった。

「その方たちの給与額は平均月額いくらなのですか。」

太郎は気になっていたことを聞いた。

「平均して月額40万円ですので、10名で400万円、6か月で2400万円です。」

かなりの金額だなと思った。

「先生。この金額は当然請求できますよね？」

「当然」や「絶対」という言葉を使うことを弁護士は嫌う。裁判や交渉案件に、「当然」や「絶対」という保証はできないからだ。太郎は一緒に相談に入っている飯嶋先生の方をチラッと見たが、飯嶋先生は黙って話を聞くばかりであった。

相談が終わった後、飯嶋先生は、

「じゃあ、この件は太郎君頼むよ。マルマエさんの件でこの手の紛争にも強くなったでしょ。」

と言い残して、忙しそうに外出してしまった。

事務所に残された太郎はあっけにとられながら、ひとまず相談内容を思い返した。契約書には途中解約条項は存在せず、解除事由にも該当しないだろう。そのため、シーメントの一方的な債務不履行として、ITTCの損害賠償請求は成り立つだろう。問題は損害額である。社長は従業員の給料2400万円が損害であると主張していたが、果たしてそうなのだろうか。何ともなしに、太郎はその結論に違和感を覚えていた。しかし、いくら考えても、なぜ違和感を覚えるのか、その原因はハッキリとしなかった。
「しかたない。」
太郎はそうつぶやくと、西野彩に「久しぶりにご飯でも食べない？」とメールを送信した。

◉

築地の寿司屋。もちろん回転していない。西野が指定したお店だ。意気揚々とカウンターで注文している西野を横目に、「こちらの足元を見ているな」と太郎は不満に思った。
「ねえ、太郎君。私のこと弱みに付け込んで高い店を連れ回す悪女だとか思ってない？」
「そ、そんなことないよ！」
図星を突かれてかなり動揺した。
「大丈夫。今日は割り勘にするつもりだから。このお店、前から来てみたかったんだ。」
大将が颯爽と握った寿司をつまみながら、西野は言った。
「で、今日は何？　太郎君が私に声をかけるときって、大抵何か聞きたいことがあるときなんだから。」
「大当たり。疑問ってわけじゃないんだけれども、ちょっと聞きたいことがあって。」
太郎は顔の前で両手を合わせた。その後ITTCの社長とのやり取りをかいつまんで説明した。

「でさ、やっぱり給料の2400万円が損害になるのかな。何となく腑に落ちないんだけれども。」
「太郎君。やっぱり、今日は割り勘じゃなくて、太郎君のおごりにしようか？」
「ダメ！」

太郎は苦笑した。

「あのさ、太郎君。前の事件のことを思い出してよ。もう忘れちゃったの？」

「マルマエさんの件でしょ。覚えてるさ。」

「じゃあ、聞くけれども、その給料って何なの？」

「ん？　経費じゃない？」

「そう、経費なんだけれども、変動費？　固定費？」

「固定費だよね。」

太郎はずっと感じていた違和感の原因が分かったような気がした。マルマエ食料と同じ営業損害の問題であったのに、今回のケースでは利益に着目しておらず、経費に着目していることがおかしかったのではないかと。

「そう、固定費だよね。だとしたら、それが損害っておかしくない？」

「ん？？　ちょっと待って。頭が混乱してきた。」

「しようがないなぁ。」

そう言って、西野はカバンからノートとペンを取り出すと、サラサラと図を描き始めた。

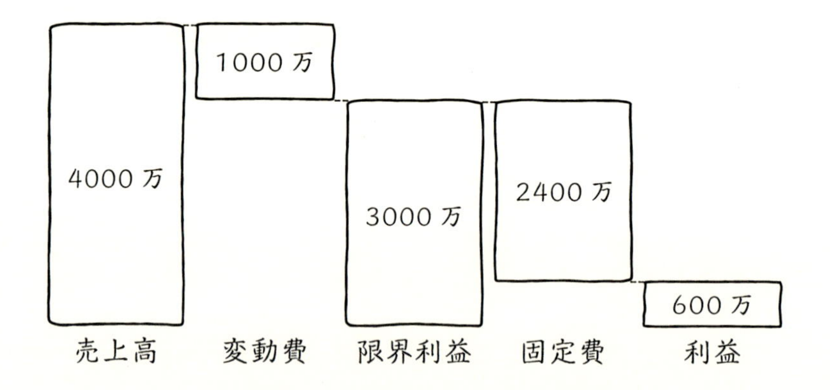

「仮に売上高が4000万円だったとするよ。変動費は1000万円くらいにしようか。そうすると、限界利益は3000万円になるよね。」
「そうだね。」
「これが損害じゃないの？」
そういえばマルマエ食料の場合も限界利益が損害だった。どうして今回の件は、固定費が損害だと勘違いしていたのだろう。その時全てが氷解した。
「そうか！　2400万円が損害だとすると、利益分の600万円を請求していないことになるんだ。限界利益の3000万円を賠償金としてもらえば、そこから2400万円の固定費を支払って、その余りが実質的に得るはずだった利益になるんだね。」
「そういうこと。」
西野はムラサキウニの軍艦を口に運びながらそう答えた。太郎はおそるおそるイワシを注文した。

「ところでさ。仮に限界利益よりも固定費が多くて、損が発生してしまう場合には、限界利益ではなくて、固定費の2400万円が損害にならないかな。」
西野は寿司をつまむ手を止めて、真顔を太郎の方に向けた。
「ところで、簿記の方はどうなったの？　２級は受かった？」
「えっ。」
突然話が簿記の方に向いて、太郎はドキッとした。実は３級は合格したものの、忙しさにかまけて２級の試験は、なおざりにしていたのである。
「３級は受かったよ。２級はこれから申し込もうとしているんだ。」
「ふーん。そうなんだ。忙しいのは分かるけれども、早く２級くらい取った方がいいよ。さっきの質問もピント外れだったし。」
「えっ、そうだった？」
太郎の質問には答えず、西野はまたノートにスラスラと数式を書き始めた。

4,000万円（売 上）	0円（売 上）
−2,000万円（変動費）	0円（変動費）
−2,400万円（固定費）	−2,400万円（固定費）
−400万円（損 失）	−2,400万円（損 失）

「前もこんな図を描かなかったっけ。」

そういえば見覚えがある。マルマエ食料の時にもこんな図を目にしたような気がする。

「さっきの会社の例で、変動費が2000万円でもともと400万円の損失が出ていたとするよ。」

「うん。」

「この場合の限界利益はいくら？」

「4000万円から変動費を引いた2000万円だよね。」

「そうだね。」

「右の図は、4000万円の売上がなくなったときの損益だよね。」

そこまで言われて太郎は気付いた。左右の最終損益の差額は2000万円である。そのため、限界利益の2000万円が損害となっているのだ。

「そうか！　もともと400万円の損失が出ていたのだから、2400万円全てを損害としてしまうと、もともと発生していた400万円の損失までもなくなってしまう。取り過ぎなんだ。」

「そういうこと。」

西野は中トロを口に運びながらそう答えた。太郎はガリをつまんだ。

……Scene 2「経費配分」（170頁）へ続く。

解　説

1 ■ 固定費と営業損害の関係

本書では、固定費自体は営業損害とならず、限界利益が原則として営業損害になるという一貫した考え方で説明されている。

一方で、『民事交通事故訴訟　損害賠償額算定基準　上巻（2016年版）』（公益財団法人日弁連交通事故相談センター東京支部編）では、「自営業者、自由業者などの休業中の固定費（家賃、従業員給料など）の支出は、事業の維持・存続のために必要やむをえないものは損害として認められる」（72頁）として、固定費が損害となるかのような記載が認められる。なお、事業者における交通事故の休業損害とは、交通事故被害によって経営ができなくなった期間の補償金であり、営業損害としての性質を有する。

そのため、そこで掲載されている判例（同書75頁）をいくつか検討する。

〈判例1〉

レンタルビデオ店経営者（男・55歳、外傷性てんかん等7級4号）につき、事故年を含む過去3年間の所得と固定経費（租税公課、修繕費、減価償却費、利子割引料、管理諸費、リース料、諸会費）の合計額の平均395万円余を基礎に、症状固定まで633日間686万円余を認めた（東京地判平成21年10月27日自動車保険ジャーナル1823号57頁）。

この判例では、固定経費が損害になるとして、損害額算定の際に加算されている。しかし、加算対象となっているのは、売上高ではなく所得である。所得は、原則として売上高から経費（変動費と固定費の合計）を控除した残額である。そのため、所得に固定費を加えると、それは以下の計算式のとおり限界利益になるため、営業損害が原則として限界利益であるという主張と整合する。つまり、売上高から変動費を控除した限界利益で計算を止めるのではなく、固定費までも控除した所得に対し、さらに固定費を加え直すという作業を行っているのである。

（計算式）

所得＝売上高－経費（変動費＋固定費）

所得＋固定費＝売上高－経費（変動費＋固定費）＋固定費

＝売上高－変動費

＝限界利益

〈判例 2〉

> 歯材店経営者（男・50 歳）につき、事業再開の可能性がある場合には必要な経費（租税公課、損害保険料、利子割引料、地代家賃、諸会費、リース料）を申告所得額に加えて基礎とするのが相当であるが、事業廃止届を提出するなどして事業を廃止することが確定した以降においては、もはやこれらの経費を支出する理由はないとして、申告所得額を基礎とした（大阪地判平成 9 年 7 月 29 日交通事故民事裁判例集 30 巻 4 号 1068 頁）。

この判例も固定費を独自に損害と認定するわけではなく、所得に固定費を加えた限界利益が損害であるとの解釈をとっている。また、事業廃止することが確定した場合には、これらの固定費は所得に加算しないことが相当としている。事業廃止が確定した場合、これらの固定費は節約可能固定費になる。そのため、営業損害を算定するためには、限界利益からこれらの節約可能固定費を控除する必要がある。したがって、この判例の結論は、営業損害が限界利益から節約可能固定費を控除したものという主張と整合する[1]。

〈判例 3〉

> 薬局経営者（女・固定時 64 歳）につき、営業収入から売上原価を差し引いた 184 万円余に、経費として損害保険料、減価償却費、地代家賃の合計 33 万円余を加算したものを基礎とした（東京地判平成 19 年 7 月 30 日交通事故民事裁判例集 40 巻 4 号 1014 頁）。

[1] 40 頁参照。

この判例は、所得に固定費を加算した金額が休業損害というスタンスではなく、収入から売上原価を控除した売上総利益に固定費を加えた金額が営業損害であるとしている。

この判例は、売上原価以外の変動費を控除対象としていない点、営業損害に加えるべきでない固定費を加算対象としている点という２つの点で誤っている。おそらく、自営業者の固定費が損害と認められるという記載を深く考えず、誤解したものと考えられる。

このように、概ねの判例は、営業損害は限界利益から節約可能固定費を控除した金額という結論に沿っている。しかし、一部の判例は、会計上のロジックを誤解している。

個人的には、前述の『民事交通事故訴訟　損害賠償額算定基準』における当該箇所の記載は、売上高（収入）から変動費及び節約可能固定費[2]を控除した残額が休業損害となる、というように誤解を生じさせないような記載に変更すべきと考えている。

2 ■ 固定費が限界利益を上回る場合

ストーリーで解説しているとおり、固定費が限界利益を上回っていたとしても、原則として限界利益が営業損害であるというスタンスに変わりはない。

なお、固定費が限界利益を上回っている状態とは、会社の最終損益が赤字になっている状態を意味する。赤字の会社の営業が停止した場合、直感的には営業損害は生じないと考えてしまうかもしれない。しかし、実際には赤字の会社が営業停止すると、限界利益が発生しなくなることから、さらに赤字が拡大することになる。

このように、決算書を一瞥し、赤字の会社では営業損害が発生しないと誤解して、請求を諦めることなどがないように注意する必要がある。

[2] ただし、節約可能固定費という用語は本書で独自の意味に用いている（45 頁参照）。

Scene 2

経費配分

今回の場合であっても限界利益の問題であることを認識した太郎は、早速ITTCの社長の前野に連絡をし、シーメントのプロジェクトの損益計算書がほしい旨を伝えた。二つ返事で了解した前野から、しばらく経った後に電話がかかってきた。

「先生、すみません。弊社では、シーメントのプロジェクト独自の損益計算書は作っていません。売上高とそれにかかる人件費は把握できるのですが、それ以外の経費はどのようにして配分すればいいのでしょうか。」

太郎は社長が何を言っているのか理解できなかった。そこで、打合せを行いたいと伝え、関連資料一式を持って事務所に来てもらうことにした。

社長との打合せが始まると、早速太郎は、社長が持参してきたPLを手に取った。

「売上原価が0円なのですね。」

「ええ。うちはサービス業ですので、売上原価は計上していません。」

太郎はそういう会社もあるのかと内心驚いていたが、よくよく考えてみれば在庫を抱えない事業であれば、売上原価がゼロになるのも不思議でないと思い直した。

損益計算書

自　平成27年　1月　1日
至　平成27年12月31日

株式会社 ITTC　（単位：円）

科目	金額
売上高	1,086,077,057
売上原価	0
売上総利益	1,086,077,057
販売費及び一般管理費	
旅費交通費	22,889,700
広告宣伝費	17,963,660
通信費	47,490,400
接待交際費	24,903,570
給料手当	641,344,550
光熱費	21,200,400
減価償却費	48,340,000
地代家賃	136,000,000
雑費	2,060,350
営業損益	123,884,427
営業外収益	
受取利息	2,123,100
受取配当金	120,000
雑収入	1,331,000
営業外収益合計	3,574,100
営業外費用	
支払利息	21,602,700
雑損失	511,500
営業外費用合計	22,114,200
経常損益	105,344,327
特別利益	
固定資産売却益	82,800
投資有価証券売却益	1,222,500
特別利益合計	1,305,300
特別損失	
固定資産売却損	9,268,000
減損損失	0
特別損失合計	9,268,000
税引前当期純損益	97,381,627
法人税、住民税及び事業税	31,162,121
当期純損益	66,219,506

損益計算書

自　平成28年　1月　1日
至　平成28年12月31日

株式会社 ITTC　（単位：円）

科目	金額
売上高	1,220,311,300
売上原価	0
売上総利益	1,220,311,300
販売費及び一般管理費	
旅費交通費	25,433,000
広告宣伝費	16,330,600
通信費	53,360,000
接待交際費	24,657,000
給料手当	754,523,000
光熱費	23,556,000
減価償却費	48,340,000
地代家賃	136,000,000
雑費	2,315,000
営業損益	135,796,700
営業外収益	
受取利息	2,359,000
受取配当金	120,000
雑収入	1,210,000
営業外収益合計	3,689,000
営業外費用	
支払利息	24,003,000
雑損失	4,650,000
営業外費用合計	28,653,000
経常損益	110,832,700
特別利益	
固定資産売却益	0
投資有価証券売却益	2,445,000
特別利益合計	2,445,000
特別損失	
固定資産売却損	13,240,000
減損損失	0
特別損失合計	13,240,000
税引前当期純損益	100,037,700
法人税、住民税及び事業税	31,011,687
当期純損益	69,026,013

「そして、こちらが平成27年と28年度のシーメントプロジェクトの損益です。」
「えっ。売上高と給与手当の項目しか埋まってないですね。」
「そうなんですよ。それ以外の経費ももちろんこのプロジェクトにかかっているのですが、個別には集計していないもので。」

太郎は給与以外の経費を眺めてみた。旅費交通費、広告宣伝費……。確かに、これらの経費は、プロジェクトごとに把握することは難しいのだろう。しかし、給与手当は固定費なのだから、このままでは売上高が全て限界利益となってしまう。これはさすがに行き過ぎではないだろうか。

社長との打合せが終わった後、太郎は自分なりにこの問題を考えてみた。しかし、さっぱり解決方法が見当たらない。太郎は西野にこのことを聞こうか迷っていた。先日この件で聞いたばかりなのにまた聞くことになると、「プロなんだから自分で調べなよ」などと言われそうで気が進まない。とはいえ、このままでは打開策が見当たらないので、西野に電話をかけることにした。ただ、その前に机の引き出しに入れっぱなしだった簿記２級の申込書を発送しておいた。

「もしもし、西野？　今忙しい？」
「どうしたの。」
西野はちょっと焦っているのか早口だ。要点だけ伝えて早目に話を終わらせようと思った。
「以前、寿司屋で話題になった件なんだけれども、どうしてももう１つ教えてほしいことが出てきて。」
「何？」
「依頼者の会社ではプロジェクトごとの損益計算書を作っていなくて、プロジェクトの売上と給料しか分からないんだ。その他の経費をどうやってプロジェクトに割り当てるか、いい方法知ってる？」

損益計算書（セグメント）

自　平成27年　1月　1日
至　平成27年12月31日

株式会社 ITTC　（単位：円）

科目	金額
売上高	80,650,000
売上原価	0
売上総利益	80,650,000
販売費及び一般管理費	
旅費交通費	0
広告宣伝費	0
通信費	0
接待交際費	0
給料手当	49,196,500
光熱費	0
減価償却費	0
地代家賃	0
雑費	0
営業損益	31,453,500

損益計算書（セグメント）

自　平成28年1月　1日
至　平成28年6月30日

株式会社 ITTC　（単位：円）

科目	金額
売上高	38,712,000
売上原価	0
売上総利益	38,712,000
販売費及び一般管理費	
旅費交通費	0
広告宣伝費	0
通信費	0
接待交際費	0
給料手当	24,420,000
光熱費	0
減価償却費	0
地代家賃	0
雑費	0
営業損益	14,292,000

「そういうことね。経費の配賦という問題なんだけれども、何か経費を配分する適当な基準ってないのかな。」
「経費を配分する基準？」
「そう。たとえば、労働時間とか労働者の頭数とか。そういえば、そのプロジェクトって担当人数が決まってなかった？」
「あっ、決まってる。10人だ。となると、この人数を基準として経費を割ればいいのかな。」
「もっといい基準があればそれによるけれどもね。たとえば、売上高を基準として経費を割る方法も考えられるだろうし。合理的な説明がつけばいいんじゃない。」
「なるほどね。ありがとう、助かったよ。」

言われてみればそのとおりだ。プロジェクトごとに経費を把握していない以上、何らかの基準で配分しなければならない。その基準は、裁判官が納得するような合理的なものであればいいのだと納得した。早速太郎は社長に電話をかけ、経費を配分する合理的な基準がないか尋ねた。
「それならば、従業員数ですかね。ただ、売上高に応じて経費もかかるので、売上高をベースにしてもよいと思いますが。」
「分かりました。このプロジェクトにかかわっているのは10名でしたよね。」
「ええ、そうです。」
「それでは、全従業員数は何人になるのですか。」
「弊社では徐々に人数が増えていますから。いつの時点ですか。」
確かにITTCは拡大中の会社だ。従業員数は一定ではないだろう。いつの時点にすればよいのか分かりかねた太郎は、
「とりあえず、平成27年1月から平成28年12月までの各月の従業員数データをもらえますか。」
と伝えた。

しばらくした後、ITTCの総務部から従業員数の推移データが送られてきた。

従業員数推移データ　　（単位：人）

年月	H27.1	H27.2	H27.3	H27.4	H27.5	H27.6	H27.7	H27.8	H27.9	H27.10	H27.11	H27.12
従業員数	76	76	75	84	84	84	83	85	85	85	87	87

年月	H28.1	H28.2	H28.3	H28.4	H28.5	H28.6	H28.7	H28.8	H28.9	H28.10	H28.11	H28.12
従業員数	88	88	88	96	96	97	97	99	99	100	100	101

従業員数の推移によれば、確かにここ数年で従業員がかなり増えている。プロジェクトが中止された期間は、平成28年7月から12月までだから、この間の人数を利用して配分すればいいと考えた。その時太郎は気がついた。プロジェクトが中止されていた期間は、この10名はほとんど業務に従事していない。とすると、平成28年7月から12月までは、この10名に相当する給料以外の経費が軽減されているのではないだろうか。軽減されている経費を配分するのは合理的でない。

違った疑問も太郎の頭に浮かんだ。そもそも中止されていた期間の売上高はどの期間を基準として算定すればよいのだろうか。平成28年1月から6月までの売上高と同額だろうか。それとも、前年同期の平成27年7月から12月だろうか。

またしてもひらめいた。従業員数を基準として経費を配分するのであれば、経費額がよほど増加していないかぎり、分母となる全従業員数が多いに越したことはない。とすると、従業員数が多い平成28年1月から6月を基準とした方が有利だ。売上高もこれと合わせて平成28年1月から6月を基準とすることになる。

太郎はその時、平成28年1月から6月の月次PLをもらっていないことに気がついた。そのことを社長に告げたところ、1月から6月までの上半期合算の数値ならばあるとのことだったので、至急それを送ってもらった。

損益計算書（上半期）

自　平成28年1月　1日
至　平成28年6月30日

株式会社ITTC　（単位：円）

科目	金額
売上高	671,171,215
売上原価	0
売上総利益	671,171,215
販売費及び一般管理費	
旅費交通費	12,970,830
広告宣伝費	8,165,300
通信費	29,881,600
接待交際費	12,081,930
給料手当	316,899,660
光熱費	12,720,240
減価償却費	24,170,000
地代家賃	68,000,000
雑費	1,180,650
営業損益	185,101,005
営業外収益	
受取利息	1,273,860
受取配当金	120,000
雑収入	544,500
営業外収益合計	1,938,360
営業外費用	
支払利息	12,001,500
雑損失	2,092,500
営業外費用合計	14,094,000
経常損益	172,945,365
特別利益	
固定資産売却益	0
投資有価証券売却益	2,445,000
特別利益合計	2,445,000
特別損失	
固定資産売却損	5,296,000
減損損失	0
特別損失合計	5,296,000
税引前当期純損益	170,094,365

太郎は早速このデータを用いて経費配分の作業に入った。

平成28年1月から6月までの従業員平均は、92.17人である。平成28年度上半期の給与手当以外の経費合計は、169,170,550円である。プロジェクトでは10人が担当していたのだから、次の計算式が成り立つ。

$$給与手当以外の経費合計 \times \frac{プロジェクト担当人数}{従業員数}$$

これを計算すると、169,170,550×10÷92.17＝18,354,188円となり、18,354,188円が配分される経費となる。

念のため、平成27年度年間数値をベースに同様の計算を行い、それの半年分を計算してみたところ、19,426,500円になった。若干ではあるが、平成28年度上半期を基準とした方が経費配分の金額が安くなる。太郎はうなずいた。

そういえば、売上高を基準にしてみたらどうなんだろう。早速、太郎は平成28年度上半期の給与手当以外の経費合計169,170,550円に同時期の売上高におけるプロジェクト売上高の割合を乗じてみた。

$$給与手当以外の経費合計 \times \frac{プロジェクトの売上高}{ITTCの売上高}$$

169,170,550×38,712,000÷671,171,215＝9,757,466円

「えっ！」

太郎は思わず声を上げた。従業員数で配分したときと比べて半額になっている。計算間違いかと思って何度か試したものの、結果は同じであった。また、念のため平成27年度通年のデータを用いて経費を売上割合によって配分してみたところ、平成28年度上半期のデータを用いた方が配分される経費額は安かった。

飯嶋先生に聞くまでもなく、売上高割合によって配分した経費を主張すべきだ。相手方がこの点に気付くかもしれないが、そのことは事前にITTCの社長にも伝えておこうと考えた。

早速、太郎は売上割合に基づき経費額を配分してプロジェクトPLを作成した。

損益計算書（セグメント）

自　平成28年1月 1日
至　平成28年6月30日

株式会社ITTC　（単位：円）

科目	金額
売上高	38,712,000
売上原価	0
売上総利益	38,712,000
販売費及び一般管理費	
旅費交通費	748,135
広告宣伝費	470,960
通信費	1,723,519
接待交際費	696,865
給料手当	24,420,000
光熱費	733,682
減価償却費	1,394,084
地代家賃	3,922,123
雑費	68,098
営業損益	4,534,534

残された作業は固変分解である。社長と経理担当者とで打合せを行った結果、変動費は通信費と光熱費であり、それ以外は固定費であるとの結論に至った。もっとも、変動費と固定費が混在している勘定科目については、ひとまず有利になるよう固定費として位置付けた。その結果、限界利益すなわち損害額は、売上高から通信費と光熱費を控除した36,254,799円であると算定した。

マルマエ食料の事件は、損害賠償を受けた側のディフェンスだった。今回は逆にオフェンス側である。経費配分や固変分解の手続を実際に行ってみて、太郎は損害額算定というフィールドでは、会計の知識があると有利に立ちふるまえることを実感していた。

太郎は机の引き出しを開けて、既に申し込んだ簿記２級の申込書をまじまじと眺めた。

……Scene 3「訴訟」（182 頁）へ続く。

解　説

1 ▪ 売上原価が存在しない場合

売上原価は、売上高や役務収益に対応する原価である。卸業や小売業では、商品等がこれに該当する。しかし、サービス業では、原則として何かを仕入れて販売するわけではなく、各従業員がサービスを提供することで売上を獲得しているため、売上原価にあたるものが存在しないことがある。このような決算書が提出された場合には、経費部分のみ固変分解を行って営業損害を算定することになる。

なお、サービス業であっても、サービス業以外の物販業を副業で行っている場合や、他の業者に一部の業者を外注している場合等には、売上原価が計上されることもある。その場合には、当該売上原価が営業停止した売上に対応するか確認し、対応するようであれば変動費として限界利益算定の際に控除することになる。

2 ▪ プロジェクトの営業停止

会社全体が営業停止になった場合には、会社全体の損益計算書を用いて限界利益の把握を行うことができた。しかし、1つのプロジェクトが停止になった場合や、1つの契約が解除になった場合など、会社の1プロジェクトが停止した場合には、それに対応する損益計算書が会社に存在しないことが通常である。

このような場合には、プロジェクト単位の限界利益を把握するため、プロジェクト単位の損益計算書を作成する必要がある。会社の会計システムにおいて、プロジェクト単位で売上高や経費を把握している場合には、そのシステムの集計方法が合理的であれば、システムからデータをアウトプットすることでプロジェクト単位の損益計算書を作成可能であろう。それ以外の場合には、何らかの方法により会社単位の損益計算書からプロジェクト部分を抜き出す必要がある。

その場合にスタートとなるのは、やはり信憑性が高い納税申告書添付の損益計算書になろう。ここから、裁判官が合理的と考える方法により、プロジェクトに帰属する損益を配分することになる。

＞売上高の配分

通常は、プロジェクトに帰属する売上高は、個別的に把握することは可能であると思われる。第三者に対する請求書であったり、領収証などの原資料から当該プロジェクトに帰属する売上高を特定することになる。ただ、明確にプロジェクトの売上高を特定できない場合などでは、何らかの基準によって当該プロジェクトに帰属する売上高を分配しなければならない。その場合には、以下に記載するように、従業員数や時間数等によって分配することになる。

＞経費の配賦

経費のうち、特定の売上高のために必要となることが明確なものについては、個別経費として当該プロジェクトに帰属させることになる。

一方で、どのプロジェクトや事業に帰属させるべきか定かでない経費や、会社全体として必要になる経費などについては、一定の基準を設けて当該プロジェクトに配賦する必要がある。このような経費の配賦については、明確な基準やルールは存在しない。その都度、合理的な配賦基準を設けてプロジェクトに経費の一部を割り当てることになる（詳細は242頁）。

訴訟においては、裁判官が合理的であると判断する基準であれば、いずれの基準を採用しても支障はない。ただ、ストーリーにもあるように、配賦基準次第では、限界利益が上下することがある。そのため、賠償請求を行う側としては、選択可能な範囲で最大の限界利益となるものを選択することになろう。逆に、賠償請求を受ける側としては、相手方が主張している配賦基準が妥当なのか検証する必要がある。

配賦基準に関する資料は、固変分解に関する資料と同様に賠償請求を行う側に多く偏在している。そのため、一般的には反証が難しいと考えられるが、当該プロジェクトの性質やそれ以外のプロジェクトの性質等から、考え得るその他の配賦基準を追及することになる。

Scene 3

訴訟

内容証明でのやり取りの甲斐もなく、本件は訴訟に移行した。訴状作成の段階では、どうして限界利益が損害額となるのか、本件の損害額を算出するに至ったロジックを丁寧に記載した。マルマエ食料の案件で頭を悩ませた箇所であったため、自分なりに分かりやすく説明できたと太郎は自負していた。

証拠として提出する決算書も、必要最低限の平成28年度上半期PLと自作した平成28年度下半期のプロジェクトPLのみを提出した。それ以外の資料は、先方から追及があったときに提出を検討しようと考えていた。

訴状を提出し、第1回口頭弁論期日が決まり、期日1週間前頃にシーメントが依頼した弁護士から答弁書が届いた。しかし、答弁書の内容は争うことのみを示して、詳細は追って主張するというペラッとしたものであった。

第1回口頭弁論期日。初老の男性であるシーメントの弁護士は、裁判官に向かってこう言った。

「原告は、限界利益が損害であるなどと主張していますが、何のことを言っているのか全く理解できません。もっと分かりやすく書面を書くように指示していただきたい。」

太郎は分かりやすく書いたつもりの訴状の内容を相手方弁護士が全く理解できていないと知り、驚いた。しかし、裁判官は、

「まずは、反論があるのであれば、準備書面で主張してください。それを見てから判断します。」

と締めくくった。太郎は裁判所からの帰り道、「あんなに分かりやすく書いたつもりだったのに、どうして理解してくれていないのだろう。もしかして、裁判官も分かってくれてないかも。」と不安になった。

次回期日の１週間前に届いたシーメントの準備書面には、「限界利益という独自の概念が損害となるという主張は到底認められず、プロジェクトの売上高から経費を控除した利益である4,534,534円を基準とすべき」との主張がなされていた。また、会社全体の損益計算書には計上されている営業外損益や特別損益などの調整を加えた金額が最終的な損害額になると指摘されていた。

損益計算書（セグメント）

自　平成28年1月 1日
至　平成28年6月30日

株式会社 ITTC　（単位：円）

科目	金額
売上高	38,712,000
売上原価	0
売上総利益	38,712,000
販売費及び一般管理費	
旅費交通費	748,135
広告宣伝費	470,960
通信費	1,723,519
接待交際費	696,865
給料手当	24,420,000
光熱費	733,682
減価償却費	1,394,084
地代家賃	3,922,123
雑費	68,098
営業損益	4,534,534

太郎はシーメントの弁護士が、限界利益が損害額であるということを全く分かっていないのか、それとも分かっていながら無茶な主張をしているのか、どちらだろうかといぶかしんだ。しかし、準備書面では太郎が売上割合を用いて経費配分したことの不合理性について指摘がなく、むしろ経費配分の結果に則って主張していることが目を引いた。また、営業外損益や特別損益などの調整を加えた金額が最終的な損害額になると主張しつつも、その具体的金額は明記されていなかった。もしかして、シーメントの弁護士は会計に極端に疎いのかもしれないと思った。

第２回期日は弁論準備期日となり、準備室と呼ばれる会議室で行われた。相変わらずシーメントの弁護士は、太郎が行った損害算定に異論を述べていた。

「何度も言っているように、原告が主張している限界利益などという概念は損害にはなり得ない。損害の過大請求にほかならん！」

太郎はこれに対して冷静に答えた。

「よく考えてみてください。今回のプロジェクトに携わっていたメンバーは、他の業務は行うことはできなかったのです。とはいえ、会社はシーメントさんとの契約期間である12月末まで雇用契約を結んでいたので給料を払わなければなりませんでした。その金額は2442万円にもなります。このように、プロジェクトを行うか否かにかかわらず固定的に支出していた経費は、損害の控除対象になりません。無駄になってしまった経費だからです。そのため、最終利益が損害であるという被告の主張は通るはずがありません。」

裁判官は太郎の主張を聞き、首を縦に振っていた。

「限界利益と呼ぶか否かはさておき、要は損害算定の方法の問題でしょう。原告は被告の準備書面に対して次回期日までに反論してください。」

裁判官は淡々と審理を進めて期日は終了した。シーメントの弁護士とは異なり、裁判官は太郎の主張を理解してくれているようだと感じた。

その後もシーメントの弁護士は、最終損益が損害であるとの主張のみを行い、経費配分や固変分解の適切性については、その詳細を争うことがなかった。また、当初提出した決算書以外の前年度の決算書なども全く開示請求されなかった。

そもそも、ITTC側は、平成28年度通年の決算書すら提出していなかった。提出したのは、平成28年度上半期のPLである。納税申告書に添付されている決算書であればいざ知らず、会社が独自に作成している上半期PLなどの信憑性は疑われてしかるべきなのに、この点についても何ら追及がなされないまま訴訟は終盤へと進行していった。

いつかこれらの点が指摘されるのではないか、と内心冷や冷やしながら書面を提出していたが、淡々と尋問が終了し、弁論も終結してしまった。弁論が終結した瞬間、太郎は大勝利もあり得るんじゃないかと鼓動が高まった。

判決期日。太郎は他の事件と同様に、判決主文を書記官に電話で尋ねた。書記官は、記録を取ってきますと言い、太郎は緊張しながら電話口で待っていた。

「お待たせしました。主文を読み上げます。被告は、原告に対し、金3625万4799円及びこれに対する平成○年○月○日から支払済みまで年6%の割合による金員を支払え……。」

書記官が読み上げた主文は、太郎が訴状で請求した36,254,799円をそのまま認めるものであった。圧倒的勝利である。シーメント側が争おうと思えば、いろいろな点で争えた事案であった。たとえば、平成27年度の決算書が証拠として提出されることになれば、これらの数値を用いて損害額を減額できた可能性もある。しかし、シーメントの弁護士は、最初から最後まで争点に気付くことがなかった。控訴されるかもしれないが、その時も同じ弁護士のままであってほしいと太郎は思った。

太郎は軽やかにポケットから携帯電話を取り出した。

「もしもし、西野？　前アドバイスもらった案件、大勝利したから、夕飯おごるよ。」

……第2話「1プロジェクトの営業停止」　完

解　説

1 ▪ プロジェクト損益における当事者間の対応

⑴　賠償請求を行う側の注意点

賠償請求を行う側としては、手元に存在する様々な資料を活用して、最も有利なプロジェクト損益計算書を作成することができるという立場にある。もっとも、有利さを追及するあまり、作成したプロジェクト損益計算書の合理性に疑義が生じる場合には、裁判官に当該プロジェクト損益計算書に基づく損害算定が採用されないことも考えられる。あくまでも合理性の範囲内にて経費の配賦を行う必要がある。

経費の配賦を行う際には、主張する配賦基準を採ることが合理的であることを具体的に明らかにする必要がある。たとえば、テレホンアポイント業であれば、電話をかけた回数によって収益が分配されることなどを理由とし、架電回数によって経費を配賦することが妥当と主張することもあろう。

ここで注意すべき点は、問題となっているプロジェクト以外の事業においても、配賦基準とされた内容によって経費配賦することが妥当であるかということである。前述の例でいうと、営業停止となった部門ではテレホンアポイント業を行っているが、営業停止とならなかった部門ではソフト開発業を行っているとする。この場合、架電回数によって会社全体の経費を配賦してしまうと、ほぼ全てテレホンアポイント業の経費となってしまいかねない。

会社全体でテレホンアポイント業を行っており、その一部の契約のみ破棄されたという前提があって初めて、架電回数によって会社全体の経費を配賦することに合理性が生じるのである。

⑵　賠償請求を受ける側の注意点

賠償請求を受ける側としては、賠償請求者が主張しているプロジェクト損益計算書が果たして合理的なものなのかという点につき、様々な観点からメスを入れる必要がある。

まずは、元となっている決算書が信頼に足るものなのかを検討する必要がある。元となった資料が開示されず、突然プロジェクト損益計算書が証拠として提出されているのだとすれば、その原資料と当該プロジェクト損益計算書の作成過程を明らかにするよう求める必要がある。なお、元となる資料は、会社独自に作成する決算書などではなく、納税申告書に添付されている決算書が好ましい。

次に、売上高が適切な原資料に基づいて配分されているかを検討する必要がある。証拠もなしにプロジェクト売上高が配分されている場合には、その配分方法につき確認する必要がある。

さらに、経費の配賦方法の合理性につき検討する必要がある。当該会社で全体として行っている事業内容、当該プロジェクトの事業内容を把握し、最適な配賦基準を追及することになる。

なお、賠償請求者は、損害額が最大になるよう配賦基準を定めているおそれがあるため、この点については慎重に検討及び反論を行う必要がある。そして、その後に固変分解の検討を行うことになる。

2 ■ 営業損害の時的範囲

ストーリーでは、契約期間が6か月残存している段階で契約を破棄されている。この場合、ある程度短期間であるため、全ての範囲で営業損害が発生していたと認められる可能性も高いだろう。しかし、残存契約期間が数年間に及ぶ場合、もしくは中途解約条項などが契約書に存在する場合などでは、果たして残存契約期間の全てにおいて営業損害を認めてよいのかという問題が生じかねない。

この点については、過去実施されてきた取引の年数、当事者間の関係、取引の内容等の事実を総合して、一定の範囲で営業損害の時的制限が設けられることになろう。そのため、当事者間においては、具体的な事情を用いて時的範囲の争点につき主張を繰り広げることになる。

3 ■ 相手方の弁護士が会計に疎い場合

営業損害では、通常の裁判とは異なり会計の知識が要求される。とはいえ、要求される会計知識は、簿記２級程度のものであり、それほど高度なものとは言えない。

しかし、会計知識を有しない弁護士が営業損害に関する訴訟を担当すると、賠償請求を行う側では、損害額のロジックがそもそも不合理であり、賠償請求が認められなくなるおそれがある。一方で、賠償請求を受ける側では、どこが争点なのか把握することができず、重要な争点について全く反論を行わないという問題が生じるおそれがある。

弁護士は依頼者に委任されて、依頼者の利益を擁護することに全力を注ぐ任務を負っている。そのため、相手方の弁護士が会計に疎く争点に気が付いていない場合であったとしても、そのことを親切に教える弁護士はいない。このような場合、ストーリーのように一方的なワンサイドゲームとなることも珍しくない。

弁護士が医療過誤訴訟を担当する場合には、当該医療分野について必死に勉強するものである。特許訴訟を担当するときでも同様である。そうだとすれば、営業損害の訴訟を担当することであっても、同様に会計分野の勉強を行い、依頼者の利益擁護のため全力を尽くすべきだと考える。

補講

本講は営業損害に関するテーマについて、
会計上のより専門的な知識を学びたい方のために設けました。
必要に応じて参照する方法でご利用ください。

第1・決算書ができる過程

1・決算書とは何か？

(1) 決算書の種類

企業が作成しなければならない決算書は、「計算書類」と「財務諸表」の2種類がある。「計算書類」については、後述のとおり全ての株式会社において作成が義務づけられているものであるのに対し、「財務諸表」については、金融商品取引所に上場されている有価証券を発行する会社等（いわゆる上場企業等）のみに作成を義務づけられているものであり（金融商品取引法24条1項1号)、全ての会社に作成が義務づけられているものではない。

ア　会社法上要求される決算書（計算書類）

(ア) 株式会社

会社法上、株式会社に対して作成が要求される決算書は、「計算書類」と呼ばれる。

計算書類は、貸借対照表、損益計算書、株主資本等変動計算書、個別注記表により構成される（会社法435条2項、会社計算規則59条1項)。なお、事業年度の末日において大会社であって金融商品取引法24条1項の規定により有価証券報告書を内閣総理大臣に提出しなければならない会社については、連結計算書類（連結貸借対照表、連結損益計算書、連結株主資本等変動計算書、連結注記表）を作成しなければならないとされている（会社法444条3項・1項、会社計算規則61条1号）[1]。

株式会社は、会社計算規則に基づき、適時に、正確な会計帳簿を作成しなければならず（会社法432条1項、会社法施行規則116条1号、会社計算規

[1] 連結子会社等が存在しない場合には、連結計算書類を作成することができないため、単体の計算書類を作成することになる。

則4条1項)、上記計算書類は、作成すべき事業年度の会計帳簿に基づき作成しなければならない（会社計算規則59条3項)。なお、これら会計帳簿及び計算書類は、閉鎖ないし作成の時から10年間保存しなければならないとされている（会社法432条2項、435条4項)。

⑷　持分会社

持分会社とは、合名会社、合資会社、合同会社の3社の総称である（会社法575条1項)。

合同会社については、貸借対照表、損益計算書、社員資本等変動計算書、個別注記表4点の計算書類の作成が義務づけられている（会社法617条2項、会社計算規則71条1項2号)。一方で、合名会社及び合資会社は、貸借対照表のみ作成すれば足りるものとされている[2]（会社法617条2項、会社計算規則71条1項1号)。

持分会社も株式会社と同様、会社計算規則に基づき、会計帳簿を作成した上で、会計帳簿に基づいて計算書類を作成しなければならない（会社法615条1項、会社法施行規則159条1号、会社計算規則4条1項、71条3項)。また、10年間の保存期間が設けられていることも同様である（会社法615条2項、617条4項)。

⑸　罰則

会計帳簿、貸借対照表、損益計算書に記載すべき事項を記載せず、又は虚偽の記載を行った場合、取締役等は100万円以下の過料に処せられる（会社法976条7号)。

イ　金融商品取引法上要求される決算書（財務諸表）

金融商品取引法上、いわゆる上場会社等に対して作成が要求される決算書を「連結財務諸表」「財務諸表」という（金融商品取引法24条1項、企業内容等の開示に関する内閣府令15条1号イ)。

---

[2] 会社計算規則上は、「合名会社及び合資会社が損益計算書、社員資本等変動計算書又は個別注記表の全部又は一部をこの編の規定に従い作成するものと定めた場合におけるこの編の規定に従い作成される損益計算書、社員資本等変動計算書又は個別注記表」と規定されており、任意に作成しない限り、これらの決算書を作成する必要はない。

連結財務諸表[3]は、連結貸借対照表、連結損益計算書、連結株主資本等変動計算書、連結キャッシュ・フロー計算書、連結附属明細表の5点であり、財務諸表は、貸借対照表、損益計算書、株主資本等変動計算書、キャッシュ・フロー計算書、附属明細表の5点である。なお、連結子会社等が存在しない場合には、連結財務諸表を作成する必要はない。

2 ■ 決算書の背景にある会計処理について

(1) 会社法上の規定

ア 株式会社

株式会社の会計は、一般に公正妥当と認められる企業会計の慣行に従うものとされている（会社法431条)。一方で、上述のとおり、会計帳簿については、会社計算規則に基づかなければならないとされているが（会社法432条1項、会社法施行規則116条1号、会社計算規則4条1項)、会社計算規則3条において、用語の解釈及び規定の適用に関しては、一般に公正妥当と認められる企業会計の基準その他の企業会計の慣行をしん酌しなければならないとされている。

個々の会社における「一般に公正妥当と認められる企業会計の慣行」の具体的内容を決定するのは、最終的には裁判所であるといえるものの、企業会計審議会が公表している企業会計原則その他の会計基準（例：固定資産の減損に係る会計基準、中小企業の会計に関する指針等）等が該当するものと推測される。

イ 持分会社

持分会社においても、株式会社と同様の規定が存在する（会社法614条、615条1項、会社法施行規則159条1号、会社計算規則4条1項、71条3項)。

よって、株式会社と持分会社との間に会計上の差異すなわち決算書の作成

---

[3] 連結財務諸表は、支配従属関係にある二以上の会社（会社に準ずる被支配事業体を含む。以下同じ。）からなる企業集団を単一の組織体とみなして、親会社が当該企業集団の財政状態及び経営成績を総合的に報告するために作成されるものである（連結財務諸表原則第一)。

方法における差異は存在しない。

⑵　金融商品取引法上の規定

金融商品取引法の規定により提出される貸借対照表、損益計算書その他の財務計算に関する書類は、内閣総理大臣が一般に公正妥当であると認められるところに従って内閣府令で定める用語、様式及び作成方法により、これを作成しなければならないとされている（金融商品取引法193条）。

そして、財務諸表等の用語、様式及び作成方法に関する規則（財務諸表等規則）、連結財務諸表の用語、様式及び作成方法に関する規則（連結財務諸表規則）においては、各規則の１条において、「この規則において定めのない事項については、一般に公正妥当と認められる企業会計の基準に従うものとする」旨が規定されており、同条２項において、「企業会計審議会により公表された企業会計の基準は、前項に規定する一般に公正妥当と認められる企業会計の基準に該当する」旨が規定されている。

⑶　小括

以上のとおり、会社法上の計算書類と金融商品取引法上の財務諸表との間で、一義的には、それぞれ会社計算規則及び財務諸表等規則・連結財務諸表規則に準拠するものの、その解釈等にあたっては、企業会計審議会により公表された会計基準等がベースとなるものであることから、各決算書類における会計処理等に関し、大きな差異は存在しないものといえる。

3 ■ 決算書の作成の流れ

⑴　決算書作成の全体的な流れ

決算の作成の流れを大まかに表現すると、以下のとおりとなる。

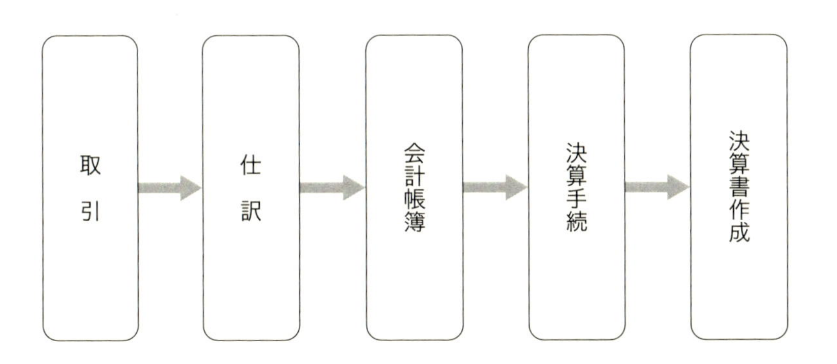

企業において「取引」が発生すると、「仕訳」という形で会計帳簿に反映される。そして、この会計帳簿に基づいて、決算書を作成するために必要な決算手続がなされ、決算書が作成されることになる。

以下、決算書作成における各段階について説明を行う。

⑵　取引について

決算書作成において、その始点となる「取引」とは、企業活動における全ての（商）取引を意味するものではなく、企業の財産に影響を与えるもののみに限られる。すなわち、企業の資産・負債・純資産・収益・費用に影響を与えるもののみが、上記「決算書作成の全体的な流れ」における「取引」に該当することになる。

例えば、企業が取引先と売買をする場合、単に売買契約を締結しただけでは「取引」には該当しないが、上記売買契約に基づき商品を購入した場合においては、「取引」に該当することになる。

⑶　仕訳について

ア　仕訳の前提となる複式簿記について

会計帳簿は、簿記により作成される。

簿記とは、「帳簿に記入すること」を略した言葉とされているが、企業の活動に伴い発生する取引を帳簿に記録し、計算し、管理する記帳方法である。

簿記には、単式簿記と複式簿記の２種類の方法がある。単式簿記とは、１つの勘定のみ（主として現金等の資金に関する勘定）に絞った上で、記録、計算、管理する記帳方法（家庭における家計簿と類似）であるのに対し、複式簿記とは、全ての取引を複数の勘定で記録し、貸借平均の原理により、取引を記録、計算、管理する記帳方法である。なお、貸借平均の原理とは、複式簿記において、借方と貸方のそれぞれの合計額が必ず一致するという原則である。

企業会計においては、貸借対照表や損益計算書等の決算書類を作成する必要があるため、一般的に複式簿記によって会計帳簿が作成されている。

複式簿記においては、「仕訳」という形で取引を帳簿に記録することになる。以下、「仕訳」の内容について詳述する。

イ　仕訳とは

「仕訳」とは、勘定科目と金額を組み合わせることによって、取引を帳簿上に一定のルールで記録していくためのツールである。なお、勘定科目とは、仕訳の際に使用される名称である。例えば、「売掛金」「買掛金」「現預金」等が勘定科目にあたる。

例えば、「現金10万円を借り入れた」という取引の場合、以下の仕訳によって、帳簿上に反映することになる。

現金　100,000　／　借入金　100,000

このように、各取引を仕訳という一定のルールで会計帳簿上記録することによって、「勘定科目」と「金額」のみで、企業のあらゆる取引を（会計上）表現することが可能となる。

⑷　会計帳簿

上記のとおり、企業の取引が「仕訳」という形で会計上の表現に翻訳され、会計帳簿上に記録されることになる。

会計帳簿には、主要簿と補助簿の2種類が存在する。主要簿とは、貸借対照表や損益計算書といった決算書を作成する上で必要不可欠な帳簿であるのに対し、補助簿とは、決算書作成には必要不可欠とはいえないものの、主要簿では不十分な情報等を記録するために使用される帳簿である。

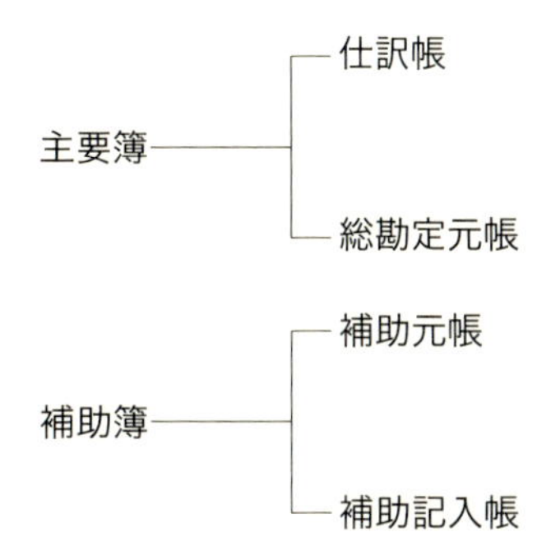

ア　主要簿

主要簿における、仕訳の動きは以下のとおりである。企業における会計上認識すべき取引は、全て仕訳という形で仕訳帳に記録された上で、総勘定元帳の各勘定残高へ転記されることになる。

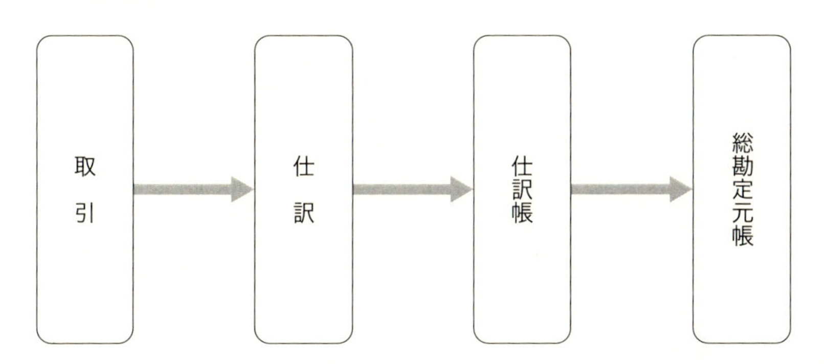

「仕訳帳」とは、全ての仕訳を日付順に取りまとめた会計帳簿をいい、「総勘定元帳」とは、各勘定科目について、日々の増減及び残高を日付順に記録する会計帳簿をいう[4]。

[4] 法人税法施行規則54条においては、「青色申告法人は、全ての取引を借方及び貸方に仕訳する帳簿（次条において「仕訳帳」という。）、全ての取引を勘定科目の種類別に分類して整理計算する帳簿（次条において「総勘定元帳」という。）その他必要な帳簿を備え、別表二十に定めるところにより、取引に関する事項を記載しなければならない。」と規定されており、同55条1項においては、「青色申告法人は、仕訳帳には、取引の発生順に、取引の年月日、内容、勘定科目及び金額を記載しなければならない。」、同条2項においては、「青色申告法人は、総勘定元帳には、その勘定ごとに記載の年月日、相手方勘定科目及び金額を記載しなければならない。」と規定されている。

仕訳帳

2016		元丁	借方科目	借方金額	貸方科目	貸方金額	摘要
4	10		売掛金	1,000,000	売上	1,000,000	
	20		現金	1,000,000	売掛金	1,000,000	

現金

2016		摘要	仕丁	借方	2016		摘要	仕丁	貸方
4	20	売掛金		1,000,000	5	10	買掛金		850,000

「現金10万円を借り入れた」という取引を平成28年7月4日に行った場合、一連の流れについては、以下のとおりとなる。

まず、企業の財産に影響を与える「取引」が発生したため、「仕訳」という形で仕訳帳に記録されることになる。その際の仕訳については、以下のとおりである。

現金　100,000　／　借入金　100,000

仕訳帳上は、以下のとおり記録されることになる。

平成28年7月4日：
現金　100,000　／　借入金　100,000

そして、上記仕訳帳の記載から、以下のとおり総勘定元帳へ転記されることになる。

現金

2016		摘要	仕丁	借方	2016		摘要	仕丁	貸方
7	4	借入金		100,000					

借入金

2016		摘要	仕丁	借方	2016		摘要	仕丁	貸方
					7	4	現金		100,000

イ　補助簿

貸借対照表や損益計算書等の決算書を作成するだけであるなら、上記主要簿を作成するだけで足りる。しかし、総勘定元帳だけでは、勘定科目ごとの増減や残高は把握できるものの、その内容について細かく把握することはできない。

一方、企業活動において上記データに基づき、経営判断等を行うことは日常茶飯事であり、勘定科目全体の増減のみならず、内訳ごとの増減や残高の推移等の情報の必要性は高い。

そこで、主要簿である総勘定元帳の内容や内訳等を日付順に記録していく帳簿として、補助簿が必要となる。

補助簿については、補助元帳と補助記入帳の２種類が存在する。

補助元帳とは、特定の勘定における明細を記録した帳簿であり、商品有高帳、売掛金元帳（得意先元帳）、買掛金元帳（仕入先元帳）等が一般的である。商品有高帳とは、商品ごとの在庫状況を把握するために使用されるものである。また、売掛金元帳・買掛金元帳とは、それぞれ売掛金・買掛金を得意先・仕入先ごとに分類して記録し、その残高の推移等を把握するために使用されるものである。

一方、補助記入帳とは、各取引の明細を、発生日付順に記録した帳簿であり、現金出納帳、当座預金出納帳、仕入帳、売上帳等が一般的である。現金出納帳、当座預金出納帳は、それぞれ現金、当座預金における取引明細を記録したものであり、仕入帳、売上帳は、それぞれ仕入、売上における取引明細を記録したものである。

ウ　実務のポイント

以上のとおり、主要簿については、複式簿記を採用している企業であれば、原則として作成されているものであるが、全ての取引が網羅的に記録されているだけであり、何らかの調査を行うといった目的に使用することは難しいケースもあり得る。

一方で、補助簿については、企業が有益な情報を得るために作成されるものである。

したがって、企業に対し、何らかの会計情報を入手したい場合においては、まず対象企業においてどのような補助簿を作成しているのかを把握することが不可欠である。なお、後述のとおり、現代の企業においては何らかの会計システムを利用しているケースがほとんどであり、普段補助簿を利用していない企業であっても、簡単な操作で新たに作成することができる可能性もある。

⑸　決算手続

決算手続については、以下の流れで行われる。

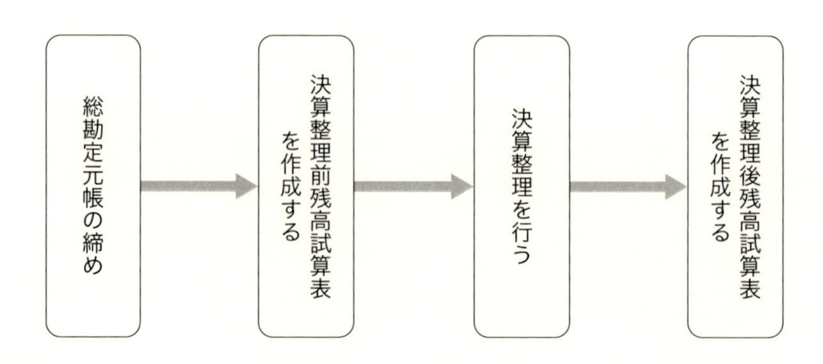

ア　総勘定元帳の締め

まず、期中の取引全てを仕訳し、仕訳帳に反映させた上で、総勘定元帳へ転記し、総勘定元帳を締めることになる。この「締める」とは、総勘定元帳への転記を終了するということを意味し、これにより、期中の取引を全て反映した総勘定元帳が完成する。なお、一会計期間における全ての取引を仕訳として反映させてから総勘定元帳を締めることが、会計的には望ましいといえるが、実務上は総勘定元帳を締めた後で、期中の取引が発覚することが多い。なぜなら、総勘定元帳を締めるタイミングについては、決算発表等の関係から、事前に期限が定まっているからである。そのため、期中の取引の漏れが存在する場合には、後述のとおり決算整理手続の中で、修正仕訳のような形で取り込むことになる。

イ　決算整理前残高試算表の作成

次に、総勘定元帳の各勘定残高を決算整理前残高試算表に集計する。

決算整理前残高試算表は、決算整理手続を行うための前提となるものであるが、当該試算表を作成し、借方・貸方における各勘定残高を合計して比較

決算整理前残高試算表

（単位：千円）

借　　方	勘　定　科　目	貸　　方
5,000	現　　　　金	
15,000	当　座　預　金	
30,000	売　　掛　　金	
	貸　倒　引　当　金	1,000
6,000	繰　越　商　品	
12,000	備　　　　品	
	備品原価償却累計額	5,400
	買　　掛　　金	7,600
	借　　入　　金	18,000
	資　　本　　金	40,000
	売　　　　上	68,000
57,000	仕　　　　入	
11,000	給　　　　料	
3,000	支　払　家　賃	
1,000	支　払　利　息	
140,000		140,000

することにより、期中処理の妥当性を検証することができる。なぜなら、貸借平均の原理に基づき、借方合計及び貸方合計は必ず一致するからである。仮に、借方合計・貸方合計が一致していない場合においては、総勘定元帳に必ず誤りが存在するため、原因分析が必要となる。

なお、後述のとおり、現在多くの企業は会計システムを導入していることから、決算整理前残高試算表は、いつでもタイムリーに確認が取れる。

ウ　決算整理手続

決算整理手続とは、決算書である貸借対照表や損益計算書が、期末における財産状況や会計期間における経営状況を適切に表示させるための調整を行う会計手続である。

決算整理手続には、大きく分けて以下の6つの会計処理が存在する。以下、それぞれの会計処理について、説明する。

①引当金の計上

②在庫等の評価

③固定資産の減価償却等

④収益及び費用勘定の補正

⑤その他修正仕訳等

⑥税金計算

① 引当金の計上

引当金とは、将来の特定の費用又は損失であって、その発生が当期以前の事象に起因し、発生の可能性が高く、かつ、その金額を合理的に見積もることができる場合には、当期の負担に属する金額を当期の費用又は損失として引当金に繰り入れるものとされている（企業会計原則注18）。

つまり、以下の4要件を満たす場合に引当金が計上されることになる。

1）将来の特定の費用又は損失であること

2）その発生が当期以前の事象に起因すること

3）発生の可能性が高いこと

4）その金額を合理的に見積もることができること

引当金の例としては、貸倒引当金の他、製品保証引当金、退職給付引当

金、修繕引当金、特別修繕引当金、債務保証損失引当金、損害賠償損失引当金等がある。

なお、法人税法上は、原則として債務確定基準が採用されており、引当金は一部の例外を除き認められていない。そのため、非上場会社においては、そもそも引当金計上を行っていないところも多くみられるため、注意が必要である。

② 在庫等の評価

期末決算においては、在庫の棚卸を実施し、在庫の個数等を確認する。棚卸において、在庫の実際の個数が帳簿上の個数と異なる場合においては、実際の個数にあわせて各在庫の評価を行わなければならない。また、在庫の品質低下や時価が下落した場合には、評価損の計上が検討されることになる。

③ 固定資産の減価償却等

固定資産については、年数経過等による価値下落分を減価償却費として費用計上する。また、固定資産の収益性が低下した場合には減損処理を検討することになる。

④ 収益及び費用勘定の補正

収益及び費用勘定の補正には、以下の4つのパターンが存在する。

1）前払費用の計上

2）未払費用の計上

3）未収収益の計上

4）前受収益の計上

これらは全て、収益及び費用について、その期間帰属を適切に配分するために行われるものである。なお、中小企業においては当該補正が適切に行われていない可能性があるため、注意が必要である。

⑤ その他修正仕訳等

上記①～④の処理以外のものとして、修正仕訳等の処理が考えられる。修正仕訳については、期中の取引で総勘定元帳の締め日までに反映することができなかった場合や期中の仕訳処理が誤っていた場合等に行われる。

⑥　税金計算

以上の決算整理手続等を全て踏まえた上で、税金計算が行われる。なお、当該計算については、各企業の顧問税理士が行うことが一般的であると思われる。

エ　決算整理後残高試算表

上記ウの決算整理手続を全て反映し集計した上で、決算整理後残高試算表を作成する。決算整理が適切に行われているかどうかは、貸方及び借方の合計額が一致するかどうかにより確認することができる。

オ　決算書の作成

上記決算整理後残高試算表に基づいて、貸借対照表や損益計算書といった決算書が作成される。この際、各勘定科目の金額的影響等を考慮した上で、表示項目が検討されることになる。例えば、金額的影響が低く、個別に表示する必要性が存在しない場合、その他の勘定とともに「その他流動資産」といった勘定科目に合算されて表示されることがある。

4 ■ 会計システムの導入が決算実務に与えた影響

上記のとおり、決算書の作成においては、以下のとおりの流れで行われる。すなわち、取引を仕訳にした上で、会計帳簿に反映させ、決算手続を経て決算書が作成される。

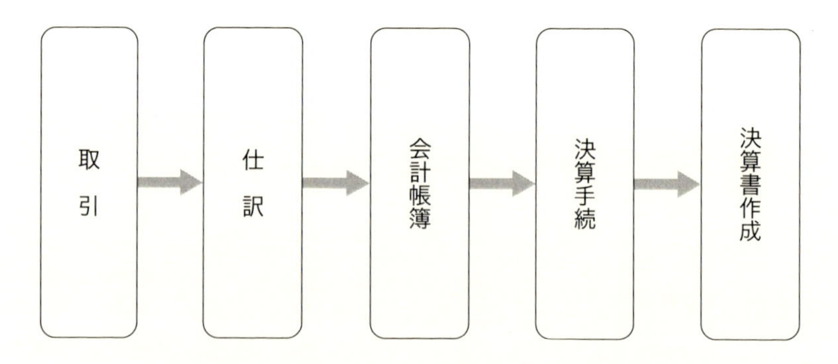

パソコン等が普及する以前、これらの処理は全て手計算により行われていた。すなわち、取引が行われるごとに、仕訳を行い、総勘定元帳に転記した

上で、全て手計算で合計残高試算表が作成されていたのである。しかし、このような処理を手計算で行うことは非常に煩雑である。そこで、少しでも作業者の負担を減らしつつ会計上のデータを収集するため、補助簿の併用や多桁式仕訳帳制[5]や複数仕訳帳制[6]の採用、伝票会計制度[7]の採用等、様々な工夫が行われてきた。

ところが、会計システムの普及により、帳簿上の自動計算が可能になった。現在では、仕訳データを会計システムに入力すれば、その結果が自動的に仕訳帳、総勘定元帳、決算整理前残高試算表に反映されるケースが多いといえる。

また、別途データを入力すれば、当該データを自動的に集計し、補助簿を自動的に生成する機能を有する会計システムも存在する。一方で、他の業務システムと連携・連動させることにより、特に別途データを入力するまでもなく、補助簿を生成するものも存在する。

このとおり、会計システムが導入されたことにより、企業における決算システムは大きな変化を遂げた。このため、いわゆる学問的な帳簿組織を学ぶことにあまり意義はなく、対象とする企業が、①どのような会計システムや業務システムを導入しているのか、②会計システムと業務システムがどのように連携・連動しているのか、③会計システム上、どのようなデータ（いわゆる補助簿等のデータ）をアウトプット（出力）できるのか、を企業ごとに把握することが重要となっている。ただ、どんな会計システムを利用していたとしても、上記決算の流れについては普遍的なものである。すなわち、取引を仕訳に落とし込んだ上で、会計帳簿（仕訳帳⇒総勘定元帳⇒合計残高試算表）に反映されるという基本的な流れについては、どの会計システムでも変わらない。

---

[5] 多桁式仕訳帳とは、記入頻度が高い勘定に関する特別欄等を別途設置した仕訳帳であり、特別欄を設置した勘定について、月末又は期末に合計転記を行うことにより、転記処理の負担を軽減することができるものである。

[6] 複数仕訳帳制とは、通常使用する仕訳帳に加えて、補助記入帳を別途仕訳帳として用いる制度であり、転記処理の負担を軽減することができるものである。

[7] 伝票会計制度とは、会計帳簿（仕訳帳）として利用するものである。

会計システムにおいて重要なことは、「仕訳データ」自体が、どのように会計システムに反映されるのかという点である。仕訳データについては、大きく分けて、①伝票等により、仕訳を手入力する方法、②他の業務システムからExcelやCSVデータ等を抽出し、会計システムに反映させる方法、③ERP（Enterprise Resource Planning）システム（統合基幹業務システム）により、業務システムから会計システムへ自動的にデータが流れる方法等が考えられる。対象企業がどういった方法を採用しているのかを検証した上で、会計システムの内容を把握することが肝要である。

第2・固変分解の手法

1・利益算定のための原価態様

企業間における損害賠償請求においては、一定期間の限界利益（売上高から変動費を差し引いた利益）を算定する必要がある。そのため、原価[8]を分析した上で売上高に対する原価態様[9]を把握する必要がある。

原価態様については、営業量を基準とし、以下のとおり固定費、変動費、準固定費、準変動費に分類することができる。

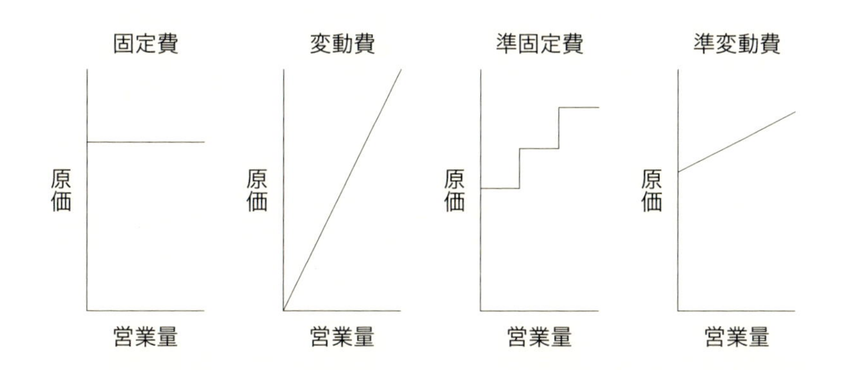

固定費とは、営業量の増減とは無関係に、総額では変化しない原価をいう。典型的な例としては、定額法における減価償却費、固定資産税、管理部門の従業員給与などが挙げられる。

変動費とは、営業量の増減に応じて、総額において比例的に増減する原価をいう。典型的な例としては、原材料費などが挙げられる。

準固定費とは、一定の営業量の範囲内では固定的な費用となるが、その範

[8]「原価」とは、原価計算基準上、「経営における一定の給付にかかわらせて、把握された財貨または用役の消費を、貨幣価値的に表したもの」とされている。

[9]「原価態様」とは、営業量の変動が原価発生額に影響を与える態様をいう。

囲を超えると増加し、再び固定化する費用である。典型的な例としては、管理監督者の人件費などが挙げられる。

準変動費とは、固定費と変動費との２つの性質を有する費用であり、営業量が０であっても一定の費用が発生し、営業量の増加に伴い、比例的に増加する費用である。典型的な例としては、電力使用料などが挙げられる。

企業間における損害賠償においては、原価の分析によって、原価を固定費と変動費に分解し、限界利益を算出することが求められる。以下では、固変分解（原価を固定費と変動費に分解する手続）について解説を行う。

２ ■ 固変分解の方法

固変分解の方法は、①工学的研究[10]に基づく方法と②過去の実績等のデータに基づく方法の２つに分類される。

過去の実績等のデータが存在しない新開発の商品等については、過去の実績等のデータに基づく方法を採用することができないことから、必然的に工学的研究に基づく方法（IE 法；Industrial Engineering Method）を採用せざるを得ない。

一方で、既存の商品のように過去の実績等のデータが存在する場合において、工学的研究に基づく方法（IE 法）を採用することも可能であるが、コストパフォーマンスの観点からも、通常は過去の実績等のデータに基づく方法を採用することが多いといえる。

以下、①及び②の方法について解説する。

⑴　工学的研究に基づく方法（IE 法）

工学的研究に基づく方法（IE 法）とは、原材料や労働力等の投入量（インプット）と産出量（アウトプット）との技術的な関係を基準として、費用を予測するものである。すなわち、工学的研究（例えば、動作研究や時間研究）をベースとして、材料の所要量や各従業員の業務内容を検証することによって、各製品における各費目の投入量（インプット）と産出量（アウト

---

[10] 工学的研究においては、動作研究や時間研究等が含まれる。

プット）との関係を明らかにした上で、費用を予測するものである。

当該方法は、投入量と産出量との間に直接的な因果関係が認められる直接材料費や直接労務費といった変動費の分析には効果的とされているが、投入量と産出量との間の因果関係が間接的で認めにくい場合には、効果的とはいえないとされている。

しかし、近年においては、工学的研究の手法を工夫することによって、上記変動費のみならず、他の費目に対する分析に適用する等の動きが高まっている。但し、当該手法においては、かなりのコストがかかるという欠点があり、コストパフォーマンスの観点からも、企業間における損害賠償のための固変分解としては、有効な分析手法とはなり得ない場合が多いといえる。

⑵　過去の実績等のデータに基づく方法

ア　総論

過去の実績等のデータに基づく方法とは、過去の実績等から原価見積[11]を行い、原価態様を推定する方法である。当該方法は、以下のとおり、会計的手法と統計的手法の２つに分類される。さらに、統計的手法は、高低点法、散布図表法、最小二乗法の３つに分類される。

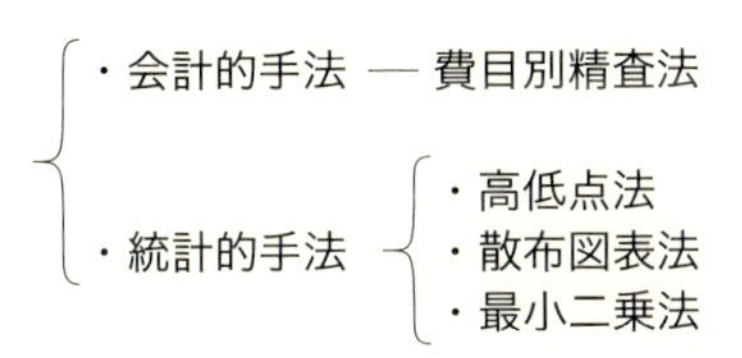

イ　各手法における相互関係

まず、一般的に会計的手法（費目別精査法）により固定費及び変動費を分解する。そして、当該手法により分解することができない費目や困難な費目について、統計的手法（高低点法、散布図表法、最小二乗法）を用いて、最終的に固定費・変動費に分解する。以下、各手法について説明する。

---

[11] 原価見積とは、過去の原価を分析するものであり、将来の原価を分析する原価予測（固変分解）とは、その対象において異なるものである。しかし、原価見積が存在しないかぎり原価予測を行うことはできず、両者は相互代替的な関係にあるといえる。

ウ　会計的手法（費目別精査法）

会計的手法（費目別精査法）とは、過去の経験・実績等に基づき、費用における勘定科目を個々に精査した上で、費目ごとに変動費か固定費かに分類（分解）する方法である。なお、勘定科目精査法、個人別判定法等と呼ばれることもある。

固定費と変動費の分類（分解）については、以下の中小企業庁編「中小企業の原価指標」（中小企業庁編）を参照するとよい（参考：http://www.chusho.meti.go.jp/bcp/contents/level_a/bcpgl_05c_4_3.html）。もちろん、同業種といえども、各企業によって状況は異なることから、下記の原価指標に縛られる必要はない。各社の事情を考慮した上で、分類（分解）することが求められる。

【製造業】

固定費	直接労務費、間接労務費、福利厚生費、減価償却費、賃借料、保険料、修繕料、水道光熱費、旅費、交通費、その他製造経費、販売員給料手当、通信費、支払運賃、荷造費、消耗品費、広告費、宣伝費、交際・接待費、その他販売費、役員給料手当、事務員（管理部門）・販売員給料手当、支払利息、割引料、従業員教育費、租税公課、研究開発費、その他管理費
変動費	直接材料費、買入部品費、外注費、間接材料費、その他直接経費、重油等燃料費、当期製品仕入原価、当期製品棚卸高—期末製品棚卸高、酒税

【卸・小売業】

固定費	販売員給料手当、車両燃料費（卸売業の場合 50%）、車両修理費（卸売業の場合 50%）販売員旅費、交通費、通信費、広告宣伝費、その他販売費、役員（店主）給料手当、事務員（管理部門）給料手当、福利厚生費、減価償却費、交際・接待費、土地建物賃借料、保険料（卸売業の場合 50%）、修繕費、光熱水道料、支払利息、割引料、租税公課、従業員教育費、その他管理費
変動費	売上原価、支払運賃、支払荷造費、支払保管料、車両燃料費（卸売業の場合のみ 50%）、保険料（卸売業の場合のみ 50%） 注：小売業の車両燃料費、車両修理費、保険料は全て固定費

【建設業】

固定費	労務管理費、租税公課、地代家賃、保険料、現場従業員給料手当、福利厚生費、事務用品費、通信交通費、交際費、補償費、その他経費、役員給料手当、退職金、修繕維持費、広告宣伝費、支払利息、割引料、減価償却費、動力・用水・光熱費（一般管理費のみ）、従業員教育費、その他管理費
変動費	材料費、労務費、外注費、仮設経費、動力・用水・光熱費（完成工事原価のみ）、運搬費、機械等経費、設計費、兼業原価

また、変動費及び固定費以外の準変動費ないし準固定費については、以下の手法により、原価分解される。

要素別分解法	労務費（給与・賃金等）等について、固定給分を固定費、残業手当や出来高給部分を変動費という形で、要素別に分解する方法。
定額控除法	基本料金に使用した分の費用が加算される類型の費用（水道光熱費等）について、基本料金を固定費、それ以外の費用を変動費とする方法。
比率按分法	福利厚生費等といった付加給付等について、給料賃金における固定費・変動費と同様の割合で按分する方法。
折半法	雑費等の種々雑多な費用が混在する勘定科目について、固定費と変動費に半分ずつ折半する方法。
みなし法	その性質が固定費に近いものを固定費、変動費に近いものを変動費とみなす方法。

費目別精査法は、手続が容易であり、別途コストがかからないものであるため、実務上最も多く採用されるものといえる。しかし、当該方法による固変分解は、各経理担当者の主観的な要素（実務経験・会計的知識）による要素が強く、客観性に欠けるものといえる。また、当該方法のみにより固定費・変動費を分解しようとすれば、上述のとおり準変動費や準固定費を無理に変動費又は固定費に分類する結果となり、信頼性に乏しいものとなってしまう。

そのため、当該方法については、過去の実績等から、変動費又は固定費であることが明白な費目を選出するにとどめるべきといえる。すなわち、当該方法によって、明らかな変動費ないし固定費を選出した上で、その他の費用

（準変動費や準固定費等）を、以下の統計的手法によって、固定費と変動費に分解することが望ましい。

しかし、一方で、コストパフォーマンスの観点から、費目別精査法の枠内で原価分解を完了させることも、合理性は認められる。

エ　統計的手法

統計的手法とは、過去の実績等の原価データを分析し、以下の式により原価と営業量との関数関係を推定し、原価態様を推定する手法である。

$$y = a + bx$$

なお、xは営業量、aは固定費、bは変動費率（営業量一単位当たりの変動費）、yは原価の総額を表すものである。すなわち、原価の総額yを、営業量という独立変数xをもって説明するものである（営業量が決まれば、一義的に原価の総額を算定できることになる。）。

統計的手法である、高低点法、散布図表法、最小二乗法は、いずれもこれらのａとｂの数値を導き出すための手法にすぎない。なお、当該手法は、上記工学的研究に基づく方法（IE 法[12]）とは異なり、過去の実績等を使用する点で帰納的な手法であるといえる。このため、実際に使用される実績データについては、異常値（異常データ）が混入していないかどうかが重要となる。なぜなら、異常値が存在している場合、結論が誤ってしまう可能性が高いからである。そのため、実績データの選定については慎重な判断が求められる。なお、統計的手法における高低点法、散布図表法、最小二乗法のメリット・デメリットについては、図のとおりである。

[12] IE 法については、演繹法にあたる。

	メリット	デメリット
高低点法	簡単な一次方程式を解くだけでよいので、計算が容易である。	①高低点法における計算において採用された2点（最大点、最小点）を除く、他の全ての要素を無視するため、情報のロスが非常に大きい。 ②計算において採用された2点は、最大点と最小点であり、異常値の可能性もあることから、信頼性は低い。
散布図表法	①全ての要素を使用するため、情報のロスが少ない。 ②手法が容易で、理解しやすい。	作成者の目分量等に依拠して、直線を引き作成するものであるため、客観性に欠ける。
最小二乗法	①全ての要素を使用するため、情報のロスが少ない。 ②数学（統計学）を使用した手法であり、客観性が高い。	①計算が複雑である。 ②全ての要素を使用するため、異常値が各要素に含まれていた場合においては信頼性が低くなるおそれがある。

㋐　高低点法

高低点法とは、2つの異なった営業量における原価と営業量を比較し、その原価の推移を直線とみなすことで、上記算式の a と b の数値を算出する手法である。

一般に、営業量の高点と低点の2点を取ることから、高低点法と呼ばれているが、数学的分解法とも呼ばれることもある。

なお、当該手法は、高点と低点の2点をもって、全体の原価態様を把握するものであり、表のデメリットに記載されているとおり一般的に信頼性が低い手法とされている。なお、当該高点と低点が異常値であれば、その信頼性は当然認められない（最高点と最低点については、異常値である確率が一般的に高いといえる。）。そのため、当該手法は一般的には推奨されない[13]。

[13] 当該不都合を回避するため、最大値から2番目に高い点と最低値から2番目に低い点を利用することにより、異常値を排除して行うべきとする論者もいる。

高点の原価総額を $y1$、営業量を $x1$ とし、低点の原価総額を $y2$、営業量を $x2$ とすると、a 及び b は、以下のとおり算定することができる。

$$b = \frac{y1 - y2}{x1 - x2}$$

$$a = y1 - bx1 \quad \text{又は} \quad a = y2 - bx2$$

【例題】

例えば、営業量と原価（費用）に関する過去の実績データが以下のとおりであったとする。

	営業量	原価(費用)実績	
第１四半期	100	1,300 万円	
第２四半期	150	1,800 万円	高点
第３四半期	120	1,500 万円	
第４四半期	80	1,100 万円	低点

この場合、上記の定義にあてはめると、以下のとおりとなる。

$y1 = 1800$　　$x1 = 150$

$y2 = 1100$　　$x2 = 80$

$$b = \frac{1800 - 1100}{150 - 80} = \frac{700}{70} = 10$$

$$a = 1800 - 10 \times 150 = 300$$

よって、この場合、a は 300 となり、b は 10 となる。

つまり、固定費は 300 万円となり、変動費は営業量（x）に 10 万円を掛けた金額となる。

$$y = 300 + 10x$$

(イ) 散布図表法

散布図表法とは、過去の原価データをグラフ上に記入していき、記入した各点の中央に目分量で直線を引き、その直線の態様から上記算式の a と b の数値を算出する手法である。

例えば、以下の図表に、直線を引けば、直観的にa（固定費）が300万円、b（変動費）は、ほぼ10万円／営業量と理解することができる。

	営業量	原価（費用）実績
第1四半期	100	1,300万円
第2四半期	150	1,800万円
第3四半期	120	1,500万円
第4四半期	80	1,100万円

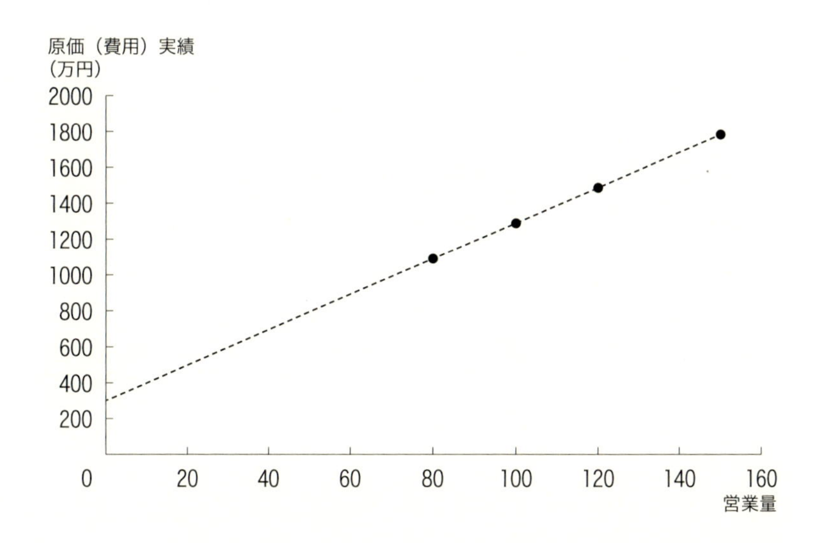

当該手法は、直観的に理解することができ、実務では使いやすいといえる。しかし、目分量で直線を引くものであり、正確性・客観性を要求することはできない。もっとも、目分量による主観性を排除するための手法としてExcelの機能による作図を使用することができる（補足参照）。

（補足：Excelによる散布図表法）

散布図表法による作図は、Excelの機能を使用すれば、以下のとおり簡単に行うことができる。

まず、各データを表形式にまとめた上で、その表を範囲選択し、グラフ機能で「散布図」を選択すれば、散布図を簡単に図表化することができる。

次に、グラフの編集機能で、「近似曲線」「線形」を選択すると、散布図表における直線を引くことが可能となる。

この場合、営業量0のデータまでは存在しないため、別途直線を延長する必要がある[14]。

⑼　最小二乗法

上述のとおり、散布図表法については、原則として目分量により散布図から原価の直線を決定するものである。しかし、この手法では、客観的な数値を期待することはできない。そこで、原価の直線を客観的に算出する手法として、回帰分析[15]の一種である最小二乗法が使用される。

最小二乗法とは、推定式により、各実測値（y）における予測値（$\hat{y}$）を算出し、残差（$y-\hat{y}$）の二乗和が最小になる直線の式（回帰式）を求めるものである。これにより、原価態様を示す$y=a+bx$の式を客観的に算出することが可能となる。

---

[14]「Y軸との交点の意味」

変動費率が営業量の多寡にかかわらず安定的に推移するという前提に立つと、Y軸との交点は固定費部分と該当するといえる。

しかし、営業量における正常営業圏以外の区間において、変動費率が安定的に推移するかどうかは不明である。

よって、Y軸との交点については、実績データに基づいたグラフの直線の延長がY軸と交わっているということ以上の意義を有するものではない。

[15] 回帰分析の種類

回帰分析には、単純回帰分析と多重回帰分析の2つが存在する。

両者の違いは、独立変数の個数である。すなわち、単純回帰分析については、1つの独立変数により変化する直線又は曲線を分析するものであるのに対し、多重回帰分析については、2つ以上の独立変数により変化する直線又は曲線を分析するものである。

原価分解においても、独立変数が2つ以上ある場合には多重回帰分析を行うことが可能となるが、多重回帰分析においては2つ以上の独立変数間に相関関係がないことが前提とされており、またコストもかかることから、通常は単純回帰分析が利用されることがほとんどである。

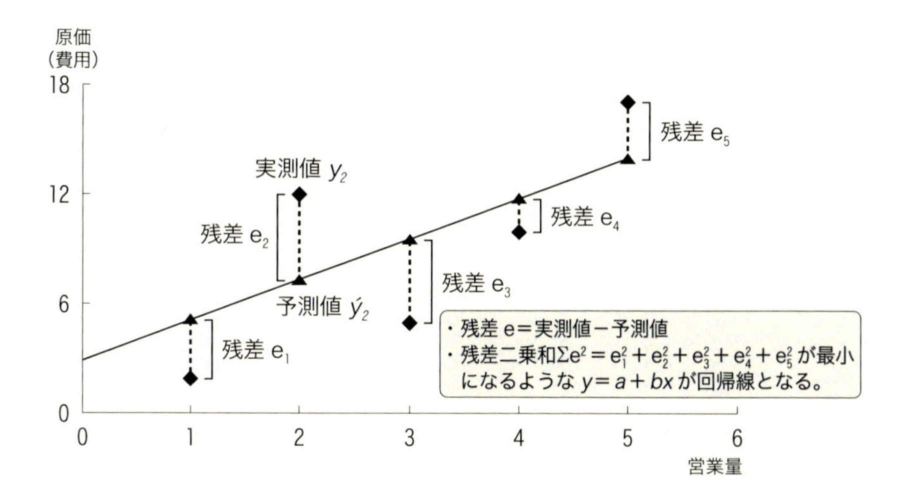

上述のとおり、実測値を y、予測値を $\acute{y}$ とし、$y-\acute{y}$ を残差とする。

各データのプロットから平均線を引くことができた場合、残差の全合計は0となり、また残差を二乗したものの全合計は最小になるといえる。

$$\Sigma(y-\acute{y})=0$$

$$\Sigma(y-\acute{y})^2 = minimum$$

つまり、残差を二乗して得られた合計値が最小となるように、a と b の値を決めることができれば、上記平均線を求めることができることになる。

このような a と b については、以下の連立方程式を解くことにより算出することが可能である（なお、n はデータの個数である。）。

$$\Sigma y = na + b\Sigma x$$

$$\Sigma xy = a\Sigma x + b\Sigma x^2$$

【例題】

下記の事例において、最小二乗法により、固定費及び変動費率を求める。

月	売上高 (x)	総費用 (y)
1月	1,000	860
2月	960	810
3月	720	670
4月	700	700
5月	450	620
6月	400	540
7月	490	610
8月	570	650
9月	540	640
10月	670	620
11月	810	730
12月	920	800

最小二乗法においては、上述のとおり、以下の式を解くことで、a及びbを求めることができる。

① $\Sigma y = na + b\Sigma x$

② $\Sigma xy = a\Sigma x + b\Sigma x^2$

表①を参照すると、上記の計算式は、以下のとおりとなる。

① $8{,}250 = 12a + 8{,}230b$

② $5{,}862{,}700 = 8{,}230a + 6{,}100{,}500b$

上記①、②について、bを求めると以下のとおりになる。

① $a = \dfrac{8{,}250 - 8{,}230\text{b}}{12}$　② $a = \dfrac{5{,}862{,}700 - 6{,}100{,}500\text{b}}{8{,}230}$

よって、以下のとおり、bは約44.85%となる。

$$\frac{8{,}250 - 8{,}230\text{b}}{12} = \frac{5{,}862{,}700 - 6{,}100{,}500\text{b}}{8{,}230}$$

$b ≒ 44.85\%$

上記①、②について、aを求めると以下のとおりになる。

① $b = \dfrac{8{,}250 - 12a}{8{,}230}$　② $b = \dfrac{5{,}862{,}700 - 8{,}230a}{6{,}100{,}500}$

よって、以下のとおり、aは約379.88となる。

$$\frac{8{,}250 - 12a}{8{,}230} = \frac{5{,}862{,}700 - 8{,}230a}{6{,}100{,}500}$$

$a ≒ 379.88$

このことから、原価態様を表す式は、以下のとおりとなる。

$y = 379.88 + 0.4485x$

（表①）

月	売上高 (x)	総費用 (y)	売上高×総費用 (x・y)	売上高×売上高 (x・x)
1月	1,000	860	860,000	1,000,000
2月	960	810	777,600	921,600
3月	720	670	482,400	518,400
4月	700	700	490,000	490,000
5月	450	620	279,000	202,500
6月	400	540	216,000	160,000
7月	490	610	298,900	240,100
8月	570	650	370,500	324,900
9月	540	640	345,600	291,600
10月	670	620	415,400	448,900
11月	810	730	591,300	656,100
12月	920	800	736,000	846,400
合計	8,230	8,250	5,862,700	6,100,500

第3・監査人の監査手法

ここでは、監査人の監査手法について説明を行う。もちろん、監査人（公認会計士）として行う財務諸表監査と同じ水準で財務諸表の確認を行うことは難しい。しかし、監査人がどのような監査手法によって財務諸表監査を行っているのかを理解することを通じて、財務諸表に関する主張・立証を行う際の参考とされたい。

1・会計監査とは

⑴　会計監査の仕組み

会計監査とは、各企業の作成した財務諸表が、企業の財政状態、経営成績及びキャッシュ・フローの状況を全ての重要な点において適正に表示しているかどうかを証明する手続と定義づけることができる[16]。

しかし、「財務諸表が、企業の財政状態、経営成績及びキャッシュ・フローの状況を全ての重要な点において適正に表示しているかどうか」という監査命題を、監査人は直接的に立証することはできない。なぜなら、当該監査命題については、一般的抽象的であり、何をもって証明すべきかが一義的に明らかでないからである。

そこで、監査実務においては、当該監査命題を監査要点の集合として捉え、各監査要点に対し、監査手続を行う形式が採用されている。要するに、上記のような一般的・抽象的な監査命題を、個別的・具体的な監査要点に置

---

[16] 監査の目的は、「経営者の作成した財務諸表が、一般に公正妥当と認められる企業会計の基準に準拠して、企業の財政状態、経営成績及びキャッシュ・フローの状況を全ての重要な点において適正に表示しているかどうかについて、監査人が自ら入手した監査証拠に基づいて判断した結果を意見として表明すること」とされている（監査基準第一）。ここでは、当該目的を参考に、理解のため簡略化して定義した。

き換えることにより、監査手続を実行可能なものとしているのである[17]。

⑵ 監査要点とは

監査要点とは、財務諸表項目に対し、監査人が設定する立証上の目標である。すなわち、監査手続において、立証すべき目標として設定されるものである。

監査要点については、主として、①実在性、②網羅性、③権利と義務の帰属、④評価の妥当性、⑤期間配分の適切性、⑥表示の妥当性というものが存在する。これらのうち、主だったものとして、①実在性、②網羅性、⑤期間配分の適切性について、以下で説明する[18]。

ア 実在性

実在性とは、「資産、負債及び純資産が実際に存在（実在）し、記録された取引や会計事象が実際に発生していること」をいう。つまり、存在しない資産や負債、取引等を存在するものとして架空計上していないかどうかという立証上の目標である。

イ 網羅性

網羅性とは、「計上すべき資産、負債、純資産、取引、会計事象を全て計上していること」をいう。つまり、財務諸表項目において、漏れがないかどうかという立証上の目標である。

ウ 期間配分の適切性

期間配分の適切性とは、「取引及び会計事象を適切な金額で記録し、収益及び費用を適切な期間で配分していること」をいう。例えば、期中において1年間分の費用を支出した場合、当期中の費用にあたる部分以外を来期の費用（前払費用）として、適切に処理を行っているかどうかという立証上の目

---

[17] この仕組みは、裁判実務における「規範的構成要件」と類似している。すなわち、規範的構成要件たる「監査命題」を立証することができないために、間接事実たる「監査要点」を立証することを通じて、規範的構成要件たる「監査命題」を立証しようとするものである。但し、監査要点は、財務諸表項目レベルごと（例：売掛金や買掛金といった勘定科目レベル）に存在するものであり、その個数は裁判実務における間接事実の個数の比ではない。

[18] 監査要点については、監査人によって自由に決定されるものではなく、各勘定科目ごとに上記内容の監査要点が存在するものとして取り扱われているものである。

標である。

2 ■ 各勘定科目で共通する監査手続

(1) はじめに

監査手続とは、監査人が監査証拠[19]を入手するために用いる手段である。監査手続の中には、財務諸表の各勘定科目に共通して用いられるものもあれば、一定の勘定科目にのみ用いられるものもある。

そこで、まず各勘定科目に共通して用いられる監査手続について説明を行う[20]。

(2) 分析的手続

分析的手続とは、財務データ相互間又は財務データと非財務データとの間に存在すると推定される関係を分析・検討することによって、財務情報を評価することをいうものとされている[21]。

分析的手続においては、企業の会計財務情報、企業の会計財務情報と密接な関係にある会計財務情報以外の情報（例：販売数量や従業員数の推移)、企業が作成する予算、競業他社の状況等の情報が利用される。

上記のような情報を活用して「期待値」を算定し、当該「期待値」と実際の数値を比較することで、異常な変動の有無を明らかにして財務諸表項目を

---

19 監査証拠とは、監査人が意見表明の基礎となる個々の結論を導くために利用する情報をいい、財務諸表の基礎となる会計記録に含まれる情報及びその他の情報から構成されるものである（監査基準委員会報告書500「監査証拠」4項（2))

20 監査手続においては、リスク・アプローチという手法が取られている。
　リスク・アプローチとは、重要な虚偽表示が生じる可能性（重要な虚偽表示リスク）が高い項目について、重点的に人員や時間といった監査資源を充てて、監査を効果的・効率的なものとする監査手法をいう。このため、監査手続においては、①重要な虚偽表示リスクを評価するリスク評価手続と②前記①の手続に基づき評価されたリスクに対応して、立案・実施されるリスク対応手続の2種類が存在する。なお、後者については、さらに内部統制の運用を評価する手続と実証手続（財務諸表上の重要な虚偽表示を検出する手続）の2種類に分類することができる。
　本文においては、説明の便宜上、監査手続については、全てリスク対応手続における実証手続のみを指すものとしている。なぜなら、監査業務以外で、企業の内部統制まで評価した上で監査手続を行う必要性は通常認められないからである。

21 監査基準委員会報告書520。なお、財務情報を評価することにより、各勘定の異常性等の事実を発見することを主眼としており、評価的な要素を含む、証拠の収集方法といえる。

検証することになる[22]。その手法としては、前年同期比の比較から趨勢分析・回帰分析等の統計的手法まで様々な手法が存在するが、各財務諸表項目にあった手法を採用することが求められるといえる。

分析的手続によって得られる証拠は、全ての監査要点に関連するものであり、多くの勘定において実施されることが多い。しかし、あくまで異常値等を発見するにとどまることから証拠力（証明力）自体は決して高くない。

⑶　証憑突合

証憑突合とは、各取引の根拠となった証憑上の内容と各取引の金額や日付等とを突合し、その整合性を確認するものである（なお、決算処理の作成過程については、194頁参照）。証憑突合は、分析的手続と同様多くの勘定科目において利用することができ、また外部証憑との整合性を確認するという点で、一つ一つの証拠力（証明力）は高いものといえる。

⑷　質問（インタビュー）

監査実務上、最も利用される監査手続で、最も重要性が高いとされるのが、「質問」である。質問とは、対象会社の役員や従業員、外部関係者等に対して、不明点や疑問点に対して問い合わせを行い、回答を得ることにより、これらを解消する手法である。

⑸　小括

上記３つの監査手続が、主に各勘定科目において共通して利用される監査手続となる。一般的な流れとしては、分析的手続により各勘定の異常項目の有無につき当たりを付けた上で、証憑突合や質問等を行うことに各項目を検証する。そして、各勘定科目の状況に応じて、監査人が必要と考える監査手続が実行されることになる。

---

[22] 分析的手続をより簡便的に行う方法として、増減分析という手法がある。すなわち、財務諸表項目の増減推移に対し、当該増減に至った背景や理由に異常な点が存在しないかどうかを確認する手法である。分析的手続においては、結局のところ異常な変動の有無を発見することが主目的となることから、「期待値」の算定というややこしい手続を経なくとも、増減の理由・背景を確認した上で、異常性を確認するだけで足りるものといえる。

3 ■ 各科目において実施される監査手続

⑴　売上高・売上原価

売上高及び売上原価の金額を検証するために実施される監査手続について、以下説明を行う。

ア　分析的手続

分析的手続においては、各種の情報を活用して、「期待値」を算定し、当該「期待値」と実際の数値を比較することで、異常な変動の有無を明らかにして財務諸表項目を検証することになる。

㋐　売上高について

販売個数や販売件数の推移を把握できる場合には、販売個数に平均売価を掛け合わせることで、売上高の「期待値」を算定することが可能である。例えば、過去2期分の販売個数と売上高、当期の販売個数が以下のような形で判明している場合には、当期の売上高の「期待値」は以下のように算出することができる。

（具体例①）

	前々期	前期	当期
販売個数	1,200 個	1,500 個	2,000 個
売上高	2,500 万円	3,100 万円	

（当期の「期待値」）

・前期をベースとする場合

$$2000\text{個} \times \frac{3100\text{万円}}{1500\text{個}} = 4133\text{万円}$$

・前々期をベースとする場合

$$2000\text{個} \times \frac{2500\text{万円}}{1200\text{個}} = 4166\text{万円}$$

よって、前々期及び前期の販売個数及び売上高という情報からは、当期の売上高の予測値は、4133 万円～4166 万円と判断することができる。仮に、当期の実際の売上高が、当該範囲に含まれているのであれば、異常な変動は検出されなかったと判断することが可能であろう。しかし、仮に当期の実際の売上高が当該範囲から外れている場合には、企業の各担当者（経理部門や営業部門の担当者が考えられる）に質問を行い、当該変動に合理的な説明ができるかどうかを検証することになる。各担当者の回答については、別途証拠を入手して検討するなど、その合理性については検証する必要があることに注意が必要である[23]。

なお、上記具体例①のように、売上高と相関関係にある情報を取ることができない場合には、期待値を具体的に算出することは困難であるといえる。その場合には、競業他社における売上高の推移や経済状況等により、少なくとも増加傾向なのか、減少傾向なのかを判断することは可能である。仮に、「予測値」は前年と比較して増加傾向であるのに、実際の売上高が前年度よりも減少していた場合には、その原因を会社担当者への質問により確認し、異常な変動がないかどうかを確認しなければならない。

このように、ありとあらゆる情報を活用して、売上高の「期待値」を算出し、実際の売上高と比較を行い、仮に大きな誤差が存在する場合には、その背景や理由を各企業の営業担当者、経理担当者に質問を行うことにより、異常な点がないかどうかを確認することになる。そして、質問を行い、回答を得た場合には、当該回答に合理性が認められるかどうかについて、別途証拠を入手し確認することになる。

また、売上高の変動理由を確認し、その理由の合理性を確認することによって、簡便的に異常な変動の有無を確認することも可能である[24]。例えば、売上高が増加した場合、その理由を企業の各担当者に質問し、その回答の裏づけを別途証拠により検討することで、異常な変動の有無を確認するこ

---

[23] 会社担当者の回答内容において、客観的に確認することができる事情が含まれている場合には、当該事情を自ら確認することにより、会社担当者の回答内容が合理的であるかどうかを確認することになる。

[24] 当該手法は、厳密にいえば分析的手続には該当しないが、異常な変動の有無を確認するという目的を達成することは十分に可能である。

とは十分に可能である。

(イ) 売上原価について

売上原価については、売上原価率（売上原価÷売上高）や売上総利益率（売上総利益÷売上高）といった財務指標等の変動を分析することにより、異常な変動等がないかどうかを確認することができる。なお、売上高については上述のとおり金額ベースでの分析が可能であるが、売上原価については、各期の売上高に左右されるものであり、単純に金額ベースの分析を行ったところで有益な分析を行うことができないことから、上記のような比率・割合による分析を行うことが一般的である。

（具体例②）

	前々期	前期	当期
売上高	2,500 万円	3,100 万円	4,200 万円
売上原価	1,800 万円	2,200 万円	
原価率	72%	71%	

（当期の「期待値」）

・前期をベースとする場合

4200 万円×72％＝3024 万円

・前々期をベースとする場合

4200 万円×71％＝2982 万円

よって、前々期及び前期の原価率という情報からは、当期の売上原価の予測値は、2982 万円～3024 万円と判断することができる。当期の実際の売上原価が、当該範囲に含まれているのであれば、異常な変動は検出されなかったと判断することが可能であろう。しかし、仮に当期の実際の売上原価が当該範囲から外れている場合には、企業の各担当者（経理部門や購買部門の担当者が考えられる。）に質問を行い、当該変動に合理的な説明ができるかどうかを検証することになる。なお、各担当者の回答については、別途証拠を入手して検討するなど、その合理性について検証する必要があることに注意が必要である[25]。

(ウ) 小括

売上高及び売上原価の分析的手続をより精緻に行いたいときは、企業全体の売上高及び売上原価で分析するのではなく、各企業における事業部別・セグメント別等に細分化した上で行うとよい。なぜなら、収益構造等の異なる商品やサービスを十把一絡げに検証したところで、有益な分析はできないからである。但し、企業によっては、会計システムにおいて、事業部別・セグメント別の会計データが取れない場合が存在する。分析的手続を行う場合には、その前提として各企業の会計システムの概要について、企業の各担当者（経理担当者・IT担当者等）に質問を行い、どういったデータを取得できるのかを明確にしておくべきであろう。

イ 証憑突合

証憑突合においては、売上取引・購買取引の根拠となった証憑上の内容と売上取引・購買取引の金額や日付等とを突合し、その整合性を確認することになる。

仮に、全ての売上取引・購買取引について証憑突合を行い、各取引の証憑内容と会計上データの内容との整合性を確認することができれば、売上高、売上原価の金額についてほぼ100％に近い正確性をもって検証を行うことが可能となる。

しかし、実際には各企業の取引数は、何千件、何万件、何億件と存在し、その全ての取引につき証憑突合を行うことは現実的ではない。そこで、監査においては全取引の中からサンプリングを行い、一定の割合について監査手続が行われる[26]。売上高、売上原価に対して、より高い心証を得たい場合に

---

[25] 会社担当者の回答内容において、客観的に確認することができる事情が含まれている場合には、当該事情を自ら確認することにより、会社担当者の回答内容が合理的であるかどうかを検証することになる。

[26] 取引全件に対して監査手続を行うことを「精査」と呼び、取引全件の中からサンプリングを行い、その一部に対して監査手続を行うことを「試査」と呼ぶ。

は、サンプリング数が増加することになる。なお、監査手続において当該サンプリングの数を決定する際には統計学を用いて、サンプル件数が決定される[27]。そして、サンプリングにより抽出された取引における誤差等を集計した上で、売上高及び売上原価全体に対する影響額が統計学的に算出されることになる。

証憑突合においては、対象とする監査要点によって具体的な方法が異なる。具体的には、サンプリングを行う母集団の対象（どこからサンプリングを行うか？）が異なることになる。以下、売上に関する証憑突合について説明を行うが、売上原価に対する手続も基本的には同様に考えればよい。

(ア) 実在性における証憑突合

売上の実在性においては、売上の架空計上が問題となる。架空計上とは根拠資料たる証憑が存在しないにもかかわらず、会計帳簿上売上が計上されている状態をいう。そのため、実在性を確認するためには、売上が記録されている会計帳簿の中から何点か取引のサンプリング[28]を行い、当該サンプリングについて根拠となる証憑を確認することにより、実在性の有無を確認することができる。

この際、サンプリングを行う母集団たる会計帳簿については、対象企業の売上高を全て網羅したものでなければならない。なぜならば、架空計上した売上取引のデータを除いた会計帳簿で上記のようなサンプリングによる証憑突合を行ったところで、監査手続の意義を有しないからである。このため、会計帳簿の合計数値等が、合計残高試算表の金額と一致しているかどうか等を確認することにより、サンプリングを行う母集団たる会計帳簿の適切性を検証することが求められる。

---

27 具体的な議論については、統計学の書籍に譲る。

28 監査手続においては、試査（母集団から一部をサンプルとして抽出した上で検証する方法）が原則とされている。これは、①監査資源は有限であり、精査（母集団全てを抽出した上で検証する方法）は不可能であること、②監査においては、虚偽表示が存在しないことを絶対的に保証するものではないこと、③有効な内部統制が存在するため、会計システム等の信頼性が相当程度確保されていること、④統計技術等の発達により、試査によっても客観的な根拠を得ることが可能であること、の4点が理由とされている。

(イ) 網羅性における証憑突合

売上の網羅性においては、売上の過小計上が問題となる。過小計上とは根拠資料たる証憑が存在しているにもかかわらず、会計帳簿上売上が計上されていない状態をいう。そのため、網羅性を確認するためには、会計帳簿ではなく、全ての証憑の中から何点かをサンプリングし、当該サンプリングした証憑にかかる売上取引が会計帳簿上反映されているかどうかを確認することにより、網羅性の有無を確認することができる。

この際、サンプリングを行う母集団たる証憑については、対象企業の売上高を全て網羅したものでなければならない。なぜならば、過小計上により売上計上されていない証憑を全て除いた証憑の中からサンプリングによる証憑突合を行ったところで、監査手続の意義を有しないからである。なお、会計帳簿と異なり、全ての証憑を確認した上でサンプリングを行うことは事実上不可能である。そのため、サンプル抽出の方法を工夫する等の工夫が必要となる。

(ウ) 期間配分の適切性における証憑突合（カットオフ手続）

売上の期間配分の適切性においては、期間帰属が問題となる。期間帰属においては、期末日後に行われた取引が、当期における売上として計上されていないかどうかが問題となる。これは、企業において、売上額が予算を達成できなかった場合に、苦肉の策として、本来翌期に計上すべき売上を当期に計上することにより、売上の水増しが行われることに対応するものといえる。

この場合、期末日後に会計上計上された売上取引からサンプル抽出を行い、期間帰属すなわち期末日前後における会計処理が適切に行われているかどうかを検討することになる。

(2) 販売費及び一般管理費

販売費及び一般管理費は、多くの費用項目から構成されるものである。そのため、費目ごとに監査手続を行うことが求められる。なお、以下では、販売費及び一般管理費の主な項目として人件費、減価償却費に対する監査手続について説明を行う。

ア　人件費

(ア)　分析的手続

分析的手続においては、各種の情報を活用して、「期待値」を算定し、当該「期待値」と実際の数値を比較することで、異常な変動の有無を明らかにして財務諸表項目を検証することになる。

人件費については、従業員数という分かりやすい指標が存在するため、従業員数を用いて「期待値」を算定することが一般的といえる。

（具体例①）

	前々期	前期	当期
従業員数[29]	90人	110人	120人
人件費	2,750万円	3,300万円	

（当期の「期待値」）

・前期をベースとする場合

$$120\text{人} \times \frac{3300\text{万円}}{110\text{人}} = 3600\text{万円}$$

・前々期をベースとする場合

$$120\text{人} \times \frac{2750\text{万円}}{90\text{人}} = 3666\text{万円}$$

よって、前々期及び前期の従業員数という情報からは、当期の人件費の予測値は、3600～3666万円と判断することができる。当期の実際の人件費が、当該範囲に含まれているのであれば、異常な変動は検出されなかったと判断することが可能であろう。しかし、仮に当期の実際の人件費が当該範囲から外れている場合には、企業の各担当者（経理部門や人事部門の担当者が考えられる。）に質問を行い、当該変動に合理的な説明ができるかどうかを検証することになる。なお、各担当者の回答については、別途証拠を入手して検討するなど、その合理性については検証する必要があることに注意が必

[29] 平均従業員数を指すものとする。

要である[30]。一般的な変動要因としては、①一定の時期に入社又は退社した人数が集中したこと、②昇給が発生したこと、③臨時賞与が発生したこと等、人件費については、各会計期間における事象に大きく左右される。そのため、人件費の増減要因に関する質問を行い、得た回答内容を踏まえ、上記期待値の算出方法を調整する必要があるといえる。

また、簡便的に一人当たりの人件費を算出し、その変動について質問を行うことにより、異常な変動の有無を確認することも可能である。

(具体例②)

	前々期	前期	当期
人件費	2,750 万円	3,500 万円	3,900 万円
従業員数[31]	90 人	110 人	120 人
一人当たり人件費	30.55 万円	31.81 万円	32.5 万円

例えば、上記具体例②の場合、前々期、前期、当期にかけて一人当たりの人件費は増加しているが、従業員の昇給が毎期行われているということであれば、上記変動も異常なものとはいえないであろう。しかし、人件費については、従業員数の変動の時期や規模、昇給、賞与等、あらゆる要素により変動することから、これらの要素を全て適切に認識した上で、人件費の変動が合理的であるかどうかを判断しなければならない。

なお、人件費の分析的手続をより精緻に行いたいときは、企業全体の従業員数等で分析するのではなく、各企業における事業部別・セグメント別等に細分化した上で行うとよい。なぜなら、事業部やセグメントにおいては従業員構造等が異なり、これらを十把一絡げに検証したところで、有益な分析は

30 会社担当者の回答内容において、客観的に確認することができる事情が含まれている場合には、当該事情を自ら確認することにより、会社担当者の回答内容が合理的であるかどうかを確認することになる。

31 平均従業員数を指すものとする。

できないからである。但し、企業によっては、会計システムにおいて、事業部別・セグメント別の人事データ（人件費データ）が取れない場合が存在する。分析的手続を行う場合には、その前提として各企業の会計システムの概要について、企業の各担当者（人事担当者・IT 担当者等）に質問を行い、どういったデータを取得できるのかを明確にしておくべきといえる。

(イ) 証憑突合

人件費においては、各従業員に支給される給与明細の内容や従業員名簿の内容と会計上のデータの内容との整合性を確認する手続が考えられる。

仮に、全ての給与について証憑突合を行い、各取引の証憑内容と会計上データ内容との整合性を確認することができれば、人件費の金額についてほぼ100%に近い正確性をもって検証を行うことが可能となる。

しかし、実際にはその全ての取引について証憑突合を行うことは現実的ではない。そこで、上述のとおり、監査においては全取引の中からサンプリングを行い、一定の割合について監査手続が行われる[32]。なお、監査手続においては当該サンプリングの数を決定する際には統計学を用いて、サンプル件数が決定される[33]。そして、サンプリングにより抽出された取引における誤差等を集計した上で、人件費全体に対する影響額が統計学的に算出されることになる。

証憑突合においては、対象とする監査要点によって具体的な方法が異なる。具体的には、サンプリングを行う母集団が異なることになる。なお、人件費については、網羅性は問題となりにくいため[34]、実在性を検証する証憑突合を行うことが求められる。

人件費の実在性においては、人件費の架空計上が問題となるところ、架空計上とは実在しない従業員に対して人件費が計上されている状態をいう。そ

[32] 取引全件に対して監査手続を行うことを「精査」と呼び、取引全件の中からサンプリングを行い、その一部に対して監査手続を行うことを「試査」と呼ぶ。

[33] 具体的な議論については、統計学の書籍に譲る。

[34] 実際に働いている従業員に対して、給与が支給されない場合には、当該従業員から企業に対して請求がなされるため、実際問題として網羅性が問題となることは少ないといえる。

のため、実在性を確認するためには、会計帳簿上の中から何人か従業員についてサンプリング[35]を行い、抽出された従業員が実際に勤務しているかどうかを確認することになる。確認方法については、実際に従業員に直接会って質問をする等の対応が考えられる。

(ウ) 小括

以上のとおり、人件費については、分析的手続や証憑突合等を組み合わせて監査手続を行うことになる。

イ 減価償却費

(ア) 分析的手続

分析的手続においては、各種の情報を活用して、「期待値」を算定し、当該「期待値」と実際の数値を比較することで、異常な変動の有無を明らかにして財務諸表項目を検証することになる。

減価償却費については、一般にオーバーオールテストといわれる手続が利用される。オーバーオールテストとは、貸借対照表上の固定資産の取得原価や簿価、償却率等を利用して、当期の減価償却費の「期待値」を算出するものである。

例えば、期首の固定資産の簿価が100万円で、当該固定資産に定率法（耐用年数4年、償却率0.438）を採用している場合、当期の減価償却費の期待値は、43万8千円となる。当該期待値と実績値を比較し、異常な変動がないかどうかを確認することになる。なお、固定資産については、期中に新規購入ないし除却等がなされるため、期待値どおりの実績値は出にくく、原因分析においては注意が必要となる。

(イ) 再計算

減価償却費については、通常会計システムにおいて、自動的に計算される

[35] 監査手続においては、試査（母集団から一部をサンプルとして抽出した上で検証する方法）が原則とされている。これは、①監査資源は有限であり、精査（母集団全てを抽出した上で検証する方法）は不可能であること、②監査においては、虚偽表示が存在しないことを絶対的に保証するものではないこと、③有効な内部統制が存在するため、会計システム等の信頼性が相当程度確保されていること、④統計技術等の発達により、試査によっても客観的な根拠を得ることが可能であること、の4点が理由とされている。

ものである。そのため、会計システムから固定資産台帳等を抽出し、サンプルで何件か減価償却費を再計算し、その結果と実際の値が一致するかどうかを確認することにより、減価償却費の金額の正確性を検証することが可能となる。なお、会計システムによっては、全てのデータをExcelで抽出することが可能な場合がある。この場合には、Excelの計算機能を使用し、全ての固定資産についてExcelで自動計算することにより、実績値の正確性を検証することも可能となる。

ウ　期間配分の適切性における証憑突合（カットオフ手続）

販売費及び一般管理費については、上記売上等と同様に、期間配分の適切性すなわち期間帰属が問題となる。

この場合、期末日後に会計上計上された経費処理取引からサンプル抽出を行い、期間帰属すなわち期末日前後における会計処理が適切に行われているかどうかを検討することになる。

⑶　現預金

現代における現預金勘定については、現金はほとんど含まれず、預金のみで占められていることが多いといえる。預金に関する監査手続としては、残高確認が一般的である。これは、企業が直接取引を行っている金融機関に対し、その残高を確認する手続をいう[36]。なお、金融機関に対して確認した結果と企業における計上額とに齟齬が生じていた場合には、その差異を分析する必要がある。現預金残高に誤差が生じている場合には、他の勘定科目に対しての影響が大きいといえることから、慎重な判断が求められるといえる。

⑷　売掛金

ア　分析的手続

分析的手続においては、各種の情報を活用して、「期待値」を算定し、当該「期待値」と実際の数値を比較することで、異常な変動の有無を明らかにして財務諸表項目を検証することになる。

---

[36] 確認とは、「紙媒体、電子媒体又はその他の媒体により、監査人が確認の相手先である第三者（確認回答者）から文書による回答を直接入手する監査手続」とされている（監査基準委員会報告書505号）。

売掛金における分析手続としては、回転期間による分析が一般に利用される。回転期間とは、得意先からの支払いサイト（支払期間）であり、当該回転期間に基づき、売掛金の期待値を算出することになる。なお、回転期間の算出方法については、いろいろな方法が考えられるが、以下においては次の計算式により算出するものとする。

$$売上債権の回転期間 = \frac{売掛金（+受取手形）}{売上高 \div 12か月}$$

売掛金（＋受取手形）＝（売上高÷12か月）×売上債権の回転期間

（具体例①）

	前々期	前期	当期
売上高	2,750万円	3,300万円	3,800万円
売上高÷12	230万円	275万円	317万円
売掛金	700万円	810万円	
回転期間	3.04か月	2.94か月	

（当期の「期待値」）

・前期をベースとする場合

317万円×2.94か月＝932万円

・前々期をベースとする場合

317万円×3.04か月＝964万円

よって、前々期及び前期の回転期間という情報からは、当期の売掛金の期待値は、932万円〜964万円と判断することができる。仮に、当期の実際の売掛金が、当該範囲に含まれているのであれば、異常な変動は検出されなかったと判断することが可能であろう。しかし、仮に当期の実際の売掛金が当該範囲から外れている場合には、企業の各担当者（経理部門や営業部門の担当者が考えられる。）に質問を行い、当該変動に合理的な説明ができるかどうかを検証することになる。なお、各担当者の回答については、別途証拠を入手して検討するなど、その合理性については検証する必要があることに注意が必要である[37]。

また、簡便的に当期の回転期間を算出し、過去における回転期間と比較した上で、異常な変動の有無を確認することが可能である。回転期間については、各企業において支払いサイト（例：月末締めの翌々月払い等）が予め決まっていることから、当該数値と比較することによっても、異常な変動を確認することができる。

なお、売掛金の分析的手続をより精緻に行いたいときは、企業全体の売掛金で分析するのではなく、各企業における事業部別・セグメント別等に細分化した上で行うとよい。なぜなら、仮に各事業部やセグメントにおいて支払いサイトが異なっていた場合にこれらを十把一絡げに検証したところで、有益な分析はできないからである。但し、企業によっては、会計システムにおいて、事業部別・セグメント別の会計データが取れない場合が存在する。分析的手続を行う場合には、その前提として各企業の会計システムの概要について、企業の各担当者（経理担当者・IT担当者等）に質問を行い、どういったデータを取得できるのかを明確にしておくべきといえる。

イ　残高確認

売掛金の実在性を検証するために、残高確認という監査手続が行われる[38]。これは、会計上売掛金が計上されている得意先に対して、監査人自ら、得意先が認識している債権債務額を回答として、直接入手する手続である。得意先から入手した回答と企業において認識している債権額（売掛金残高）に差異が生じている場合には、当該差異が合理的であるかどうかを検証することになる。

なお、当該手続については、上記で指摘したとおり試査により行われ、全売掛金残高の中からサンプリングがなされることになる。サンプリング抽出し

[37] 会社担当者の回答内容において、客観的に確認することができる事情が含まれている場合には、当該事情を自ら確認することにより、会社担当者の回答内容が合理的であるかどうかを検証することになる。

[38] なお、売掛金の網羅性という観点から、確認手続が行われることがある。この場合は、会計上計上された売掛金の中からサンプリングを行うのではなく、取引先（得意先）一覧等からサンプルを抽出することになる。

た各取引先の差異については、集計され、統計学的に処理されることになる。

⑸　棚卸資産

ア　分析的手続

分析的手続においては、各種の情報を活用して、「期待値」を算定し、当該「期待値」と実際の数値を比較することで、異常な変動の有無を明らかにして財務諸表項目を検証することになる。

棚卸資産における分析手続としては、在庫回転期間による分析が一般に利用される。在庫回転期間とは、商品を仕入れてから、どのくらいの月数で販売されているかという指標であり、当該在庫回転期間に基づき、棚卸資産の期待値を算出することになる。なお、回転期間の算出方法については、いろいろな方法が考えられるが、以下においては次の計算式により算出するものとする。

$$\text{棚卸資産の在庫回転期間} = \frac{\text{棚卸資産残高}}{\text{仕入高} \div 12\text{か月}}$$

棚卸資産残高＝（仕入高÷12か月）×棚卸資産の在庫回転期間

（具体例①）

	前々期	前期	当期
仕入高	2,750万円	3,300万円	3,800万円
仕入高÷12	230万円	275万円	317万円
棚卸資産	250万円	280万円	
回転期間	1.09カ月	1.02カ月	

（当期の「期待値」）

・前期をベースとする場合

317万円×1.02か月＝323万円

・前々期をベースとする場合

317万円×1.09か月＝345万円

よって、前々期及び前期の在庫回転期間という情報からは、当期の棚卸資産の期待値は、323万円～345万円と判断することができる。当期の実際の棚卸資産が当該範囲に含まれているのであれば、異常な変動は検出されなかったと判断することが可能であろう。しかし、仮に当期の実際の棚卸資産が当該範囲から外れている場合には、企業の各担当者（経理部門や購買部門の担当者が考えられる。）に質問を行い、当該変動に合理的な説明ができるかどうかを検証することになる。なお、各担当者の回答については、別途証拠を入手して検討するなど、その合理性については検証する必要があることに注意が必要である[39]。

また、簡便的に当期の在庫回転期間を算出し、過去における在庫回転期間と比較した上で、異常な変動の有無を確認することが可能である。

なお、棚卸資産の分析的手続をより精緻に行いたいときは、企業全体の棚卸資産で分析するのではなく、各企業における事業部別・セグメント別等に細分化した上で行うとよい。なぜなら、仮に各事業部やセグメントにおいて在庫回転期間が異なっていた場合にこれらを十把一絡げに検証したところで、有益な分析はできないからである。但し、企業によっては、会計システムにおいて、事業部別・セグメント別の会計データが取れない場合が存在する。分析的手続を行う場合には、その前提として各企業の会計システムの概要について、企業の各担当者（経理担当者・IT担当者等）に質問を行い、どういったデータを取得できるのかを明確にしておくべきといえる。

イ　実地棚卸（立ち会い）

実地棚卸とは、棚卸資産を基本的に全件カウントし、帳簿数及び実在数を比較することで、棚卸資産の実在性ないし網羅性を検証する手続である。実地棚卸は企業により実施されるところ、監査人として当該手続に立ち会い、その実効性を検討するとともに、サンプリング抽出をした上で、自らも棚卸資産のカウントを行い、実在性ないし網羅性を検証するものである。

---

[39] 会社担当者の回答内容において、客観的に確認することができる事情が含まれている場合には、当該事情を自ら確認することにより、会社担当者の回答内容が合理的であるかどうかを確認することになる。

⑹ 買掛金

ア 分析的手続

分析的手続においては、各種の情報を活用して、「期待値」を算定し、当該「期待値」と実際の数値を比較することで、異常な変動の有無を明らかにして財務諸表項目を検証することになる。

買掛金における分析手続としては、回転期間による分析が一般に利用される。回転期間とは、仕入先に対する支払いサイト（支払期間）であり、当該回転期間に基づき、買掛金の期待値を算出することになる。なお、回転期間の算出方法については、いろいろな方法が考えられるが、以下においては次の計算式により算出するものとする。

$$仕入債務の回転期間 = \frac{買掛金（+支払手形）}{仕入高 \div 12か月}$$

$$買掛金（+支払手形）=（仕入高 \div 12か月）\times 仕入債務の回転期間$$

（具体例①）

	前々期	前期	当期
仕入高	2,750万円	3,300万円	3,800万円
仕入高÷12	230万円	275万円	317万円
買掛金	700万円	810万円	
回転期間	3.04か月	2.94か月	

（当期の「期待値」）

・前期をベースとする場合

317万円×2.94か月＝932万円

・前々期をベースとする場合

317万円×3.04か月＝964万円

よって、前々期及び前期の回転期間という情報からは、当期の買掛金の期待値は、932万円～964万円と判断することができる。当期の実際の買掛金が、当該範囲に含まれているのであれば、異常な変動は検出されなかったと判断することが可能であろう。しかし、仮に当期の実際の買掛金が当該範囲から外れている場合には、企業の各担当者（経理部門や購買部門の担当者が考えられる。）に質問を行い、当該変動に合理的な説明ができるかどうかを検証することになる。なお、各担当者の回答については、別途証拠を入手して検討するなど、その合理性については検証する必要があることに注意が必要である[40]。

また、簡便的に当期の回転期間を算出し、過去における回転期間と比較した上で、異常な変動の有無を確認することが可能である。回転期間については、各企業において支払いサイト（例：月末締めの翌々月払い等）が予め決まっていることから、当該数値と比較することによっても、異常な変動を確認することができる。

なお、買掛金の分析的手続をより精緻に行いたいときは、企業全体の買掛金で分析するのではなく、各企業における事業部別・セグメント別等に細分化した上で行うとよい。なぜなら、仮に各事業部やセグメントにおいて支払いサイトが異なっていた場合にこれらを十把一絡げに検証したところで、有益な分析はできないからである。但し、企業によっては、会計システムにおいて、事業部別・セグメント別の会計データが取れない場合が存在する。分析的手続を行う場合には、その前提として各企業の会計システムの概要について、企業の各担当者（経理担当者・IT 担当者等）に質問を行い、どういったデータを取得できるのかを明確にしておくべきといえる。

イ　残高確認

買掛金の実在性を検証するために、残高確認という監査手続が行われる[41]。これは、会計上買掛金が計上されている仕入先に対して、監査人自ら、仕入先が認識している債権債務額を、回答として直接入手する手続であ

---

[40] 会社担当者の回答内容において、客観的に確認することができる事情が含まれている場合には、当該事情を自ら確認することにより、会社担当者の回答内容が合理的であるかどうかを確認することになる。

[41] なお、買掛金の網羅性という観点から、確認手続が行われることがある。この場合は、会計上計上された買掛金の中からサンプリングを行うのではなく、取引先（仕入先）一覧等からサンプルを抽出することになる。

る。なお、仕入先から入手した回答と企業において認識している債務額（買掛金残高）に差異が生じている場合には、当該差異が合理的であるかどうかを検証することになる。

なお、当該手続については、上記で指摘したとおり試査により行われ、全買掛金残高の中からサンプリングがなされることになる。サンプリング抽出した各取引先の差異については、集計され、統計学的に処理されることになる。

⑺ 借入金

借入金勘定については、現預金勘定における預金と同様、貸主に対して監査人が直接確認[42]を行う手続が取られる。なお、貸主に対して確認した結果と企業における計上額とに齟齬が生じていた場合には、その差異を分析する必要がある。なお、支払利息については、オーバーオールテストによる分析的手続を行うことが可能である[43]。

---

[42] 確認とは、「紙媒体、電子媒体又はその他の媒体により、監査人が確認の相手先である第三者（確認回答者）から文書による回答を直接入手する監査手続」とされている（監査基準委員会報告書505号）。

[43] 元本額と支払利率によって、支払利息額を算出することになる。

第 4 ・共通費等の配賦について

1 ■ 企業における共通費配賦

損益は、必ず「収益－費用」という計算式により算出される。収益については、通常個別的に把握することが可能である。企業はまさに収益獲得のための組織であるとともに、収益は企業の商品やサービスの対価として支払われるものであるから、案件ごとの収益を把握できないということは稀であろう。しかし、費用については、当該収益獲得に直接的に発生した費用のみならず、間接的に発生した費用、はたまた関係性の極めて希薄な（むしろ、関係性のない）費用まで存在する。

このような収益や費用を取り巻く事情を前提として、損益をどのレベルで把握するのかが問題となる。全社的な損益であれば、全ての収益と全ての費用をそれぞれ合計して、差し引けば簡単に算出することができる。しかし、多くの日本企業においては、○○事業部、○○課、○○係等といった部門が存在し、各部門がそれぞれ事業活動を行っている。これらの部門ごとの損益をいかに算出するかが問題となる。また、このような部門という枠組みに限らず、それぞれのプロジェクト等が存在する場合には、プロジェクトごとの損益をいかに算出するかについてもあわせて問題となる。

これらの損益の情報は、経営判断の資料として使用されるものである。例えば、一定の部門やプロジェクトに関する損益が赤字となるのであれば、不採算部門や不採算プロジェクトとして、閉鎖や縮小が検討される。

このような各プロジェクト・各部門の損益認識において必要となる手続が「共通費配賦」である。

⑴　各部門における共通費配賦

各部門においては、各部門で発生した費用（変動費・固定費）の他、本社機能を有する部門[44]（事業活動により、収益を生まない部門）において発生した共通費等についても、各部門が負担しなければならず、その配賦（負担割合を決定すること）が必要となる[45]。

なお、各企業において共通費をいかに配賦するかについては、非常に大きな問題となっているケースが多い。なぜならば、このような共通費は、本来各部門の事業活動等によってコントロールすることができず、自らコントロールできない費用を各部門の費用として計上することが強いられるからである。さらに、共通費の配賦基準は、客観的で公平な基準を設定することが難しい。結局、各部門のコントロール下にない費用を、いわば納得できない基準で負担させられ、これらの費用を負担した後の損益により各部門の事業活動が評価されることとなり、各部門間における不公平感を生み出す源泉となっている。

しかし、収益は発生しないものの、企業活動において必要不可欠な本社機能の費用については、各部門（プロフィットセンター）の収益で賄わないことには会社が成立しない[46]。

そのためにも、共通費の配賦については、必要不可欠なものとなっている。

⑵　各プロジェクトにおける共通費配賦

各プロジェクトにおいては、各プロジェクトにおいて直接発生した費用の他、当該プロジェクトを遂行している部門にかかる共通費等についても負担させた上で損益の計算を行う必要があり、当該計算過程において、上記各部

---

[44] 本社機能を有する部門とは、当該部門の事業活動により収益を生まない部門である。「コストセンター」ともいう。具体的には、総務部、経理部、人事部等が挙げられる。

[45] 企業においては、事業活動により収益を生む部門（「プロフィットセンター」ともいう。）が、事業活動により収益を生まない部門（「コストセンター」）の費用を賄うだけの利益を生むことができるかどうかにより、全社的な黒字を達成できるかが決まる。そして、各部門の真の事業成績については、コストセンターが発生させた費用を一定の配賦基準に従って各部門に配賦させた後の損益によって決せられることになる。

[46] 部門の事業活動評価を、共通費配賦前の損益により実施する企業も存在する。

門における共通費配賦と同様に、配賦計算が必要となる[47]。

2 ■ 企業間の損害賠償請求における共通費配賦の役割

債務不履行により、企業における一部門ないし、1プロジェクトの収益が消滅した場合、その損害額は当該部門・プロジェクトの利益が基準となる。そして、当該利益は、全社の共通費配賦が行われ、共通費が控除された後の利益でなければならない。なぜなら、当該部門は上記のとおり本社機能のコストセンターの費用も負担しているからである。

また、企業間の損害賠償請求においても、共通費配賦は重要な役割を担うことになる。本社機能における共通費が多額に計上されている場合には、各部門・各プロジェクトに配賦される共通費も多額となるケースが考えられ、部門の損益計算書[48]に利益が計上されていた場合でも、共通費を配賦した後においては、損失となるケースがあり得る。そのためにも、適切な配賦基準による共通費の配賦計算が求められるといえる[49]。

以下では、各プロジェクト及び各部門における配賦計算の手法について解説する。

---

[47] 各プロジェクトに配賦する部門の共通費等に、後述の本社共通費を含めるかどうかは、各企業の方針によるところが大きいであろう。但し、コストセンターの費用をプロフィットセンターである各部門が負担するという原則に照らして考えるのであれば、プロフィットセンターを構成する各プロジェクトに対しても本社共通費を含めるべきといえる。

[48] 各企業において、どのレベルの単位（事業部レベル、課レベル等）で、損益計算書等の会計データを抽出できるかどうかについては、採用している会計システムの機能によるところが大きい。そのため、部門の損益データを会計システムから抽出できるかどうかについては、経理部等へのヒアリングにより確認を行うことが求められる。なお、月次決算時に作成された損益計算書においては、既に一定の基準により本社共通費等が配賦されている場合がある。また、「本社共通費」という名称でなくても、違う名称の勘定科目により、本社からの共通費が配賦されているケースも存在する。会計システムから抽出される損益データについては、各企業の経理担当者に詳しくヒアリングを行うことが重要である。

[49] 損害賠償請求を行う場合、請求側は本社共通費の配賦額をできるだけ低く計上できる配賦基準を主張することが多いといえる。一方で、請求を受けた側については、本社共通費の配賦額をできるだけ多く計上できる配賦基準を主張することになるであろう。会計上、共通費の配賦基準において唯一絶対の基準は存在しないものの、一つの基準としては、過去において、どのような共通費配賦基準が採用されていたかどうかがポイントとなるといえる。すなわち、過去から一定期間、一定の共通費配賦基準を使用してきたのであれば、当該基準を採用することが著しく不適当な事情が存在しない限り、当該基準を採用することが望ましいものといえるであろう。

3 ■ 各プロジェクトへの売上・経費配賦

(1) 売上の配賦計算

売上については個別的に把握できる場合がほとんどであろう。しかし、種々の事情によって個別的な把握ができない場合には、一定の基準を使用して、売上高を按分することによって把握するしかない。何を基準として按分するかについては、個別の事情によって異なるといえる。例えば、売上高が作業時間に比例する関係にある場合には、作業時間を基準として按分することが求められるだろう。以下では、作業時間により按分する場合について、具体例を使用して解説する。

(具体例)

	A プロジェクト	B プロジェクト	C プロジェクト	合計
作業時間数	120 時間	360 時間	240 時間	720 時間
売上高				600 百万円

上記具体例の場合、作業時間を基準として全体の売上高 600 百万円を各プロジェクトに按分すると以下のとおりとなる。

・A プロジェクトについて

$$600\text{百万円} \times \frac{120\text{時間}}{720\text{時間}} = 100\text{百万円}$$

・B プロジェクトについて

$$600\text{百万円} \times \frac{360\text{時間}}{720\text{時間}} = 300\text{百万円}$$

・C プロジェクトについて

$$600\text{百万円} \times \frac{240\text{時間}}{720\text{時間}} = 200\text{百万円}$$

	A プロジェクト	B プロジェクト	C プロジェクト	合計
作業時間数	120 時間	360 時間	240 時間	720 百万円
売上高	100 百万円	300 百万円	200 百万円	600 百万円

⑵　経費の配賦計算

各プロジェクトが属する各部門の共通費を各プロジェクトに配賦する際の基準としては、以下のような基準が存在する。なお、各プロジェクトに配賦する経費の性質に合わせて各基準を採用することが望ましいといえる。

ア　売上高基準・売上総利益基準

売上高基準とは、各プロジェクトの売上高の実績により、経費を按分する方法である。一方で、売上総利益基準とは、各プロジェクトの売上総利益の実績により、経費を按分する方法である。各プロジェクトの売上総利益率（各プロジェクトの売上総利益÷各プロジェクトの売上高）に大きな格差があり、売上高を基準とするとかえって不公平となる場合には、後者の基準が採用される[50]。以下、具体例で検討する。

（具体例）

	A プロジェクト	B プロジェクト	C プロジェクト	合計
売上高	120 百万円	360 百万円	240 百万円	720 百万円
経費				60 百万円

上記具体例の場合、売上高基準を使用すると、各部門への本社共通費 60 百万円の配賦額は以下のとおりとなる。

・A プロジェクトについて

$$60\text{百万円}\times\frac{120\text{百万円}}{720\text{百万円}}=10\text{百万円}$$

・B プロジェクトについて

$$60\text{百万円}\times\frac{360\text{百万円}}{720\text{百万円}}=30\text{百万円}$$

---

[50] 例えば、売上高が同じ 1000 万円であったとしても、売上総利益率が 10%の部門と 20%の部門では、売上総利益がそれぞれ 100 万円と 200 万円となる。これらの部門に対し、売上高が同額だからといって、同じ額の本社共通費を配賦した場合には、後者の部門の方が有利となる結果となり、前者の部門には不公平感が残ってしまうものといえる。

・Cプロジェクトについて

$$60\text{百万円} \times \frac{240\text{百万円}}{720\text{百万円}} = 20\text{百万円}$$

	Aプロジェクト	Bプロジェクト	Cプロジェクト	合計
売上高	120百万円	360百万円	240百万円	720百万円
経費	10百万円	30百万円	20百万円	60百万円

しかし、具体例における各部門の売上総利益が以下のような形であったら、どう考えるべきか。仮に売上高基準を使用すると、以下のような形となる。

（具体例）

	Aプロジェクト	Bプロジェクト	Cプロジェクト	合計
売上高	120百万円	360百万円	240百万円	720百万円
売上総利益	60百万円	20百万円	40百万円	120百万円
経費				60百万円

	Aプロジェクト	Bプロジェクト	Cプロジェクト	合計
売上高	120百万円	360百万円	240百万円	720百万円
売上総利益	60百万円	20百万円	40百万円	120百万円
経費	10百万円	30百万円	20百万円	60百万円
利益	50百万円	−10百万円	20百万円	60百万円

これでは、B部門が損失を計上することとなり、不当な結果となる。そこで、このように売上総利益率に大きな格差が存在する場合には、以下のとおり売上総利益基準を採用すべきといえる。

	Aプロジェクト	Bプロジェクト	Cプロジェクト	合計
売上高	120百万円	360百万円	240百万円	720百万円
売上総利益	60百万円	20百万円	40百万円	120百万円
利益率	50%	5.56%	16.67%	
経費				60百万円

・A プロジェクトについて

$$60\text{百万円}\times\frac{60\text{百万円}}{120\text{百万円}}=30\text{百万円}$$

・B プロジェクトについて

$$60\text{百万円}\times\frac{20\text{百万円}}{120\text{百万円}}=10\text{百万円}$$

・C プロジェクトについて

$$60\text{百万円}\times\frac{40\text{百万円}}{120\text{百万円}}=20\text{百万円}$$

	A プロジェクト	B プロジェクト	C プロジェクト	合計
売上高	120 百万円	360 百万円	240 百万円	720 百万円
売上総利益	60 百万円	20 百万円	40 百万円	120 百万円
利益率	50%	5.56%	16.67%	
経費	30 百万円	10 百万円	20 百万円	60 百万円
利益	30 百万円	10 百万円	20 百万円	60 百万円

なお、経費のほとんどは、固定費の性質を有するものであるところ、当該基準によると、固定費の性質を有するものを売上高や売上総利益といった各期で変動する項目を基準として配賦することとなり、矛盾するという欠点が存在する。固定費の性質を有するものであれば、各期において変動しない項目を基準とすべきであるといえる。

イ　資産残高基準

各プロジェクトの資産残高を基準として、経費を按分する方法である。

基準となる資産残高については、以下のような資産残高等が考えられる。

①棚卸資産残高

②売上債権残高

③流動資産合計残高

④固定資産合計残高

⑤総資産合計残高

（具体例）　売上債権残高

	Aプロジェクト	Bプロジェクト	Cプロジェクト	合計
売上債権残高	120百万円	360百万円	240百万円	720百万円
経費				60百万円

上記具体例の場合、売上債権残高をベースとした資産残高基準を使用すると、各部門への本社共通費60百万円の配賦額は以下のとおりとなる。

・Aプロジェクトについて

$$60\text{百万円} \times \frac{120\text{百万円}}{720\text{百万円}} = 10\text{百万円}$$

・Bプロジェクトについて

$$60\text{百万円} \times \frac{360\text{百万円}}{720\text{百万円}} = 30\text{百万円}$$

・Cプロジェクトについて

$$60\text{百万円} \times \frac{240\text{百万円}}{720\text{百万円}} = 20\text{百万円}$$

	Aプロジェクト	Bプロジェクト	Cプロジェクト	合計
売上債権残高	120百万円	360百万円	240百万円	720百万円
経費	10百万円	30百万円	20百万円	60百万円

（具体例）　総資産合計残高

	Aプロジェクト	Bプロジェクト	Cプロジェクト	合計
総資産合計残高	1200百万円	3600百万円	2400百万円	7200百万円
経費				60百万円

上記具体例の場合、総資産合計残高をベースとした資産残高基準を使用すると、各プロジェクトへの経費60百万円の配賦額は以下のとおりとなる。

・Aプロジェクトについて

$$60\text{百万円} \times \frac{1200\text{百万円}}{7200\text{百万円}} = 10\text{百万円}$$

・B プロジェクトについて

$$60\text{百万円} \times \frac{3600\text{百万円}}{7200\text{百万円}} = 30\text{百万円}$$

・C プロジェクトについて

$$60\text{百万円} \times \frac{2400\text{百万円}}{7200\text{百万円}} = 20\text{百万円}$$

	A プロジェクト	B プロジェクト	C プロジェクト	合計
総資産合計残高	1200 百万円	3600 百万円	2400 百万円	7200 百万円
経費	10 百万円	30 百万円	20 百万円	60 百万円

当該基準については、経理業務に関する経費の配賦基準には適しているものといえる。なぜなら、経理業務においては会計数値を対象として業務を行うところ、会計数値の金額が大きい部門に対しては、より多くの業務を行う必要が存在するからである[51]。

また、当該基準を採用することにより、各部門に対して不要な資産等の圧縮を図るインセンティブを与えることができ、資産圧縮へのモチベーションを与えることができる点にメリットがあるものといえる。

ウ　従業員数基準

従業員数基準とは、「人員割り」「人頭割り」ともいわれ、各プロジェクトに所属する従業員の人数を基準として、経費を配賦する方法である。当該基準においては、経費を負担すべき特定の部門等の全従業員数を 100 とした上で、各部門の人員の割合により配賦を行うことになる。当該基準は、単純明快で理解しやすく、理論的・実務的にも優れた手法として多く用いられている手法である。当該手法の採用により、人員の増加が抑えられるため、労働生産性の向上が見込める一方で、過重労働につながる危険性も存在するものといえる。

---

[51] 経理業務の業務量については、ある程度会計帳簿の金額に比例する部分は存在するが、金額が小さい場合であっても、必ず求められる業務も一定数存在する。よって、会計数値が低い部門に対して、より低く本社共通費を配賦することが、必ずしも公平な配賦を行うこととならないことに注意が必要である。

（具体例）

	Aプロジェクト	Bプロジェクト	Cプロジェクト	合計
従業員数	12人	36人	24人	72人
経費				60百万円

上記具体例の場合、従業員数基準を使用すると、各プロジェクトへの経費60百万円の配賦額は以下のとおりとなる。

・Aプロジェクトについて

$$60\text{百万円}\times\frac{12\text{人}}{72\text{人}}=10\text{百万円}$$

・Bプロジェクトについて

$$60\text{百万円}\times\frac{36\text{人}}{72\text{人}}=30\text{百万円}$$

・Cプロジェクトについて

$$60\text{百万円}\times\frac{24\text{人}}{72\text{人}}=20\text{百万円}$$

	Aプロジェクト	Bプロジェクト	Cプロジェクト	合計
従業員数	12人	36人	24人	72人
経費	10百万円	30百万円	20百万円	60百万円

エ　人件費基準

人件費基準とは、各プロジェクトの人件費を基準として、経費を配賦する方法である。各プロジェクトの人事構成（従業員構成）に格差が大きい[52]ときには、ウの従業員数基準ではなく、人件費基準が採用される。

人件費基準は、従業員数基準特有の弱点をカバーしつつ、従業員数基準のメリットを備えた、最も優れた手法として、実務でも多く使用されている。

[52] 例えば、正社員が多い部門と非正社員（パート、アルバイト等）が多い部門で、従業員数基準を採用して本社共通費を配賦した場合には、不合理な結果となる。なぜならば、前者は人件費負担が大きいのに対し、後者は人件費負担が小さいにもかかわらず、同額の本社共通費を負担させられたのであれば、明らかに後者が不利に扱われることになるからである。

なお、従業員数基準と同様、経費を負担すべき特定の部門の全人件費を100とした上で、各部門の人件費の割合により配賦を行うことになる。また、どこまでの人件費を対象とするかについては、各企業の判断に委ねられるものといえるが、基本給等の固定給部分に限定するのが簡便的である。

（具体例）

	Aプロジェクト	Bプロジェクト	Cプロジェクト	合計
人件費	120百万円	360百万円	240百万円	720百万円
経費				60百万円

上記具体例の場合、人件費基準を使用すると、各プロジェクトへの本社共通費60百万円の配賦額は以下のとおりとなる。

・Aプロジェクトについて

$$60\text{百万円} \times \frac{120\text{百万円}}{720\text{百万円}} = 10\text{百万円}$$

・Bプロジェクトについて

$$60\text{百万円} \times \frac{360\text{百万円}}{720\text{百万円}} = 30\text{百万円}$$

・Cプロジェクトについて

$$60\text{百万円} \times \frac{240\text{百万円}}{720\text{百万円}} = 20\text{百万円}$$

	Aプロジェクト	Bプロジェクト	Cプロジェクト	合計
人件費	120百万円	360百万円	240百万円	720百万円
経費	10百万円	30百万円	20百万円	60百万円

オ　使用実績基準

使用実績基準とは、経費の対象となる物やサービスの使用実績を基準として、経費を配賦する方法をいう。当該手法により、まさに経費について使用した分（受益した分）のみを配賦することが可能となる。例えば、IT部門の場合においては、システムのトラブルの回数や対応にかかった時間数等を基準にして、計算するといった方法が考えられる。なお、厳密に計算を行うとコストもかかることから、ある程度簡便的に行うことも許容されるものといえる。

(具体例)

	Aプロジェクト	Bプロジェクト	Cプロジェクト	合計
対応時間数	120時間	360時間	240時間	720時間
経費				60百万円

上記具体例の場合、使用実績基準を使用すると、各プロジェクトへの本社共通費60百万円の配賦額は以下のとおりとなる。

・Aプロジェクトについて

$$60\text{百万円} \times \frac{120\text{時間}}{720\text{時間}} = 10\text{百万円}$$

・Bプロジェクトについて

$$60\text{百万円} \times \frac{360\text{時間}}{720\text{時間}} = 30\text{百万円}$$

・Cプロジェクトについて

$$60\text{百万円} \times \frac{240\text{時間}}{720\text{時間}} = 20\text{百万円}$$

	Aプロジェクト	Bプロジェクト	Cプロジェクト	合計
対応時間数	120時間	360時間	240時間	720時間
経費	10百万円	30百万円	20百万円	60百万円

4 ■ 各部門における共通費配賦

(1) 本社共通費とは

本社共通費とは、上述のとおり、本社機能を有する部門（事業活動により、収益を生まない部門）において発生した費用と捉えることができる。

そして、本社共通費には、大きく分けて以下のとおり3つの種類に分けることができる。

・管理費用

・業務代行費用

・共通費用

ア　管理費用

管理費用は、①取締役等の役員及びその秘書にかかる人件費並びにその他経費、②全社的な経営戦略等を担当する部門の人件費等の経費、③総務部、経理部、人事部[53]における人件費等の経費が挙げられる。

イ　業務代行費用

業務代行費用については、①企業が採用している業務システムや会計システム等の保守等を担当するIT部門における人件費等の経費、②商品・材料等の購買を全社一括して行う部門における人件費等の経費、③全社的なマーケティング業務を行う部門における人件費等の経費が挙げられる。

ウ　共通費用

共通費用については、①全社の商品やサービスの広告宣伝費[54]、②全従業員の研修費[55]等の経費が挙げられる。

⑵　配賦基準

本社共通費を各部門に配賦する際の基準としては、以下のような基準が存在する。

ア　売上高基準・売上総利益基準

売上高基準とは、各部門の売上高の実績により、本社共通費を按分する方法である。一方で、売上総利益基準とは、各部門の売上総利益の実績により、本社共通費を按分する方法である。各部門の売上総利益率（各部門の売上総利益÷各部門の売上高）に大きな格差があり、売上高を基準とするとか

---

[53] 企業の規模によっては、各部門において総務部、経理部、人事部を有している場合がある。ここに述べられている総務部、経理部、人事部については、本社機能において全社的な総務・経理・人事を担当している部門に限定される。例えば、経理部については、連結決算を担当する連結経理部等が挙げられる。

[54] 一定の部門内で製造ないし提供されている商品やサービスにかかる広告宣伝費等、一定の部門にのみ紐づけることが可能な費用については、当該共通費から除外される。

[55] 一定の部門に所属する従業員を対象とする研修に関する研修費等、一定の部門にのみ紐づけることが可能な費用については、当該共通費から除外される。

えって不公平となる場合には、後者の基準が採用される[56]。計算方法の具体例については、246頁以下を参照されたい。

なお、当該基準には、以下のとおり2つの欠点が存在する。

1つ目は、本社共通費のほとんどは、固定費の性質を有するものであるが、固定費の性質を有するものを売上高や売上総利益といった各期で変動する項目を基準として配賦することは矛盾するという点である。固定費の性質を有するものであれば、各期において変動しない項目を基準とすべきであるといえる。

2つ目は、各部門のモチベーションを阻害するリスクが存在するという点である。当該基準によれば、売上や利益を伸ばせば伸ばすほど、本社経費を他の部門よりも多く負担しなければならないこととなり、各部門の不公平感を払拭することは難しいものといえる[57]。

イ　資産残高基準

各部門の資産残高を基準として、本社共通費を按分する方法である。

基準となる資産残高については、以下のような資産残高等が考えられる。計算方法の具体例については、248頁を参照されたい。

①棚卸資産残高

②売上債権残高

③流動資産合計残高

④固定資産合計残高

⑤総資産合計残高

当該基準については、経理部門に関する経費の配賦基準には適しているも

---

[56] 例えば、売上高が同じ1000万円であったとしても、売上総利益率が10%の部門と20%の部門では、売上総利益がそれぞれ100万円と200万円となる。これらの部門に対し、売上高が同額だからといって、同じ額の本社共通費を配賦した場合には、後者の部門の方が有利となる結果となり、前者の部門には不公平感が残ってしまうものといえる。

[57] 売上や利益を伸ばせば伸ばしただけ、その部門の収益力が高まったことを意味するものといえることから、それに応じて本社共通費を多く負担するべきという理屈も一方では成り立つものといえる。しかし、一方で、商品やサービス等の構造上、売上総利益率が低い部門について、売上高基準により本社共通費を配賦された場合には、営業成績を伸ばしたにもかかわらず、部門損益が赤字に転落してしまうという可能性は十分にあり得る。

のといえる。なぜなら、経理部門においては会計数値を対象として業務を行うところ、会計数値の金額が大きい部門に対しては、より多くの業務を行う必要が存在するからである[58]。

また、当該基準を採用することにより、各部門に対して不要な資産等の圧縮を図るインセンティブを与えることができ、資産圧縮へのモチベーションを与えることができる点にメリットがあるものといえる。

ウ　従業員数基準

従業員数基準とは、「人員割り」「人頭割り」ともいわれ、各部門に所属する従業員の人数を基準として、本社共通費を配賦する方法である。当該基準においては、社内共通費を負担すべき全部門の全従業員数を100とした上で、各部門の人員の割合により配賦を行うことになる。当該基準は、単純明快で理解しやすく、理論的・実務的にも優れた手法として、実務でも多く用いられている手法である。当該手法の採用により、人員の増加が抑えられるため、労働生産性の向上が見込める一方で、過重労働につながる危険性も存在するものといえる。計算方法の具体例については、250頁を参照されたい。

エ　人件費基準

人件費基準とは、各部門の人件費を基準として、本社共通費を配賦する方法である。各部門の人事構成（従業員構成）に格差が大きい[59]ときには、ウの従業員数基準ではなく、人件費基準が採用される。

人件費基準は、従業員数基準特有の弱点をカバーしつつ、従業員数基準のメリットを備えた、最も優れた手法として、実務でも多く使用されている。なお、従業員数基準と同様、社内共通費を負担すべき全部門の全人件費を

---

[58] 経理業務の業務量については、ある程度会計帳簿の金額に比例する部分は存在するが、金額が小さい場合であっても、必ず求められる業務も一定数存在する。よって、会計数値が低い部門に対して、より低く本社共通費を配賦することが、必ずしも公平な配賦を行うこととならないことに注意が必要である。

[59] 例えば、正社員が多い部門と非正社員（パート、アルバイト等）が多い部門で、従業員数基準を採用して本社共通費を配賦した場合には、不合理な結果となる。なぜならば、前者は人件費負担が大きいのに対し、後者は人件費負担が小さいにもかかわらず、同額の本社共通費を負担させられたのであれば、明らかに後者が不利に扱われることになるからである。

100とした上で、各部門の人件費の割合により配賦を行うことになる。また、どこまでの人件費を対象とするかについては、各企業の判断に委ねられるものといえるが、基本給等の固定給部分に限定するのが簡便的であるといえる。計算方法の具体例については、251頁を参照されたい。

オ　使用実績基準

使用実績基準とは、本社共通費の対象となる物やサービスの使用実績を基準として、本社共通費を配賦する方法をいう。当該手法により、まさに本社共通費について使用した分（受益した分）のみを配賦することが可能となる。例えば、IT部門の場合においては、システムのトラブルの回数や対応にかかった時間数等を基準にして、計算するといった方法が考えられる。なお、厳密に計算を行うとコストもかかることから、ある程度簡便的に行うことも許容されるものといえる。計算方法の具体例については、252頁を参照されたい。

カ　小括

以上のとおり、企業はそれぞれの配賦基準の中から、各本社共通費にとって適切な配賦基準を選んで、各部門へ配賦を行うことになる。

一般的には従業員数基準又は人件費基準が採用されているケースが多く、適宜その他の基準を組み合わせて本社共通費を配賦することが多いものといえる。

5▪会計システムとの連動性

現代においては、ほとんどの企業において会計システムが導入されている。ただ、会計システムを導入していれば、どんな会計情報も抽出できるというものではなく、当該会計システムを利用して、どのように運用を行っているかどうかが重要となる。

例えば、経費の入力においても、各プロジェクトや各部門に紐づけできる機能を兼ね備えた会計システムであれば、共通費配賦を最小限に抑えることができるといえる。しかし、このような会計システムを導入していたとしても、経理担当者が経費入力の際、これらの情報をそもそも入力していなければ、会計システムから抽出することはできない。

企業の各経理担当者等が、どのような会計システムを、どのように運用しているかによって、上記配賦計算の難易度に影響が生じるものといえる。例えば、経費の入力において、あらゆる情報を一緒に入力し、システム上で管理を行っていれば、経費は最大限各プロジェクトや各部門に紐づけを行うことができるといえ、配賦計算を最小限に抑えることができる。一方で、経費入力の際にこのような情報入力を行っておらず、各プロジェクトや各部門への紐づけができていない場合には、配賦計算を行うべき範囲が拡大することにより、精度の高い配賦計算が困難となる可能性がある。

そのため、配賦計算にあたっては、会計システムの機能等とともに、会社経理担当者等による経理業務に関する内部統制のデザイン及び運用の評価を行い、どこまでの精度をもって配賦計算を行うことができるかを検証する必要がある。

事項索引

【アルファベット】

BS ……17
CF ……17
CPA ……17
CR ……17
FS ……17
FY ……17
IE 法 ……116, 208
PL ……17
SS ……17
TB ……17

【あ行】

あ 預り金 ……73
預け金 ……72
粗利 ……39
粗利益説 ……46
い 一般管理費 ……28
う 受取手形 ……71
受取配当金 ……76
受取利息 ……76
売上原価 ……15, 74, 180
売上原価率 ……226
売上総利益 ……15, 69
売上総利益基準 ……246
売上総利益率 ……226
売上高 ……74
売上高基準 ……246
売掛金 ……72, 234
売掛金元帳 ……199
運搬具 ……72
え 営業損害 ……13
お オーバーオールテスト ……233

【か行】

か 買掛金 ……73, 239
買掛金元帳 ……199
会議費 ……75
回帰分析 ……216
会計監査 ……220
会計帳簿 ……196
会計的手法 ……210
回転期間 ……235
架空計上 ……228
確認 ……234
貸倒損失 ……75
貸倒引当金 ……73
貸倒引当金繰入額 ……75
カットオフ手続 ……229
監査証拠 ……222
監査手続 ……222
監査要点 ……221
勘定科目 ……71, 196
勘定科目精査法 ……210
管理費用 ……254
き 機械装置 ……72
期間配分の適切性 ……221
季節変動 ……43
期待値 ……223
求釈明 ……126
給与手当 ……74
共通費配賦 ……242
共通費用 ……254
業務代行費用 ……254
く 繰越利益剰余金 ……74
繰延税金資産 ……72
繰延税金負債 ……73

け 計算書類 ……… 191
経費 ……… 28, 116
経費の配賦 ……… 181
決算公告 ……… 87
決算書 ……… 191
決算整理 ……… 97
決算整理後残高試算表 ……… 204
決算整理仕訳 ……… 98, 103
決算整理手続 ……… 202
決算整理前残高試算表 ……… 201
月次損益計算書 ……… 66, 101
欠席判決 ……… 69
原価 ……… 207
限界利益 ……… 27, 31, 207
限界利益率 ……… 36, 41
減価償却費 ……… 75, 233
原価態様 ……… 207
原価見積 ……… 209
現金 ……… 71
原材料 ……… 72
減収率 ……… 39
減損損失 ……… 76
現預金 ……… 234
権利者限界利益説 ……… 47
こ 貢献利益 ……… 27
広告宣伝費 ……… 75
交際費 ……… 75
高低点法 ……… 116, 213
個人別判定法 ……… 210
コストセンター ……… 243
固定資産除却損 ……… 76
固定資産売却損益 ……… 76
固定費 ……… 30, 207
固変分解 ……… 29, 116, 208

【さ行】

さ 在庫回転期間 ……… 237
最小二乗法 ……… 116, 216
財務諸表 ……… 192
材料費 ……… 116
雑給 ……… 74
雑費 ……… 75
残高確認 ……… 236
散布図表法 ……… 116, 214
サンプリング ……… 227
し 仕掛品 ……… 72
自己株式 ……… 74
試査 ……… 227
資産残高基準 ……… 248
資産除去債務 ……… 73
実在性 ……… 221
質問 ……… 223
自白 ……… 68
支払手形 ……… 73
支払手数料 ……… 75
支払利息 ……… 76
資本金 ……… 74
資本準備金 ……… 74
従業員数基準 ……… 250
修繕費 ……… 75
主要簿 ……… 196, 197
準固定費 ……… 207
準変動費 ……… 208
純利益説 ……… 46
証拠の偏在 ……… 58
使用実績基準 ……… 252
証憑突合 ……… 223
商品 ……… 72
商品有高帳 ……… 199
消耗品費 ……… 75
賞与 ……… 75

賞与引当金 …… 73
仕訳 …… 196
仕訳帳 …… 197
仕訳日記帳 …… 106, 151
侵害者限界利益説 …… 47
新株予約権 …… 74
人件費 …… 230
人件費基準 …… 251
尋問 …… 146
す 水道光熱費 …… 75
数学的分解法 …… 213
せ 精査 …… 227
製造業 …… 116
製造原価 …… 16
製造原価報告書 …… 117
製品 …… 72
セグメント別損益計算書 …… 87
折半法 …… 211
節約可能固定費 …… 31, 45
全部原価計算 …… 27
そ 総勘定元帳 …… 197
増減分析 …… 223
訴状 …… 68
租税公課 …… 75
その他資本剰余金 …… 74
その他有価証券評価差額金 …… 74
ソフトウェア …… 72
損益計算書 …… 27
損益相殺 …… 29, 44

【た行】

た 貸借対照表 …… 71
貸借平均の原理 …… 196
退職給付引当金 …… 73
退職給付費用 …… 75
多桁式仕訳帳 …… 205
多重回帰分析 …… 216
立替金 …… 72
建物 …… 72
棚卸資産 …… 237
短期貸付金 …… 72
短期借入金 …… 73
単式簿記 …… 195
単純回帰分析 …… 216
ち 中小企業の原価指標 …… 210
長期貸付金 …… 73
長期借入金 …… 73
直接原価計算 …… 28, 112
貯蔵品 …… 72
賃借料 …… 75
つ 通信費 …… 75
て 定額控除法 …… 211
定期預金 …… 71
伝票会計制度 …… 205
電話加入権 …… 72
と 統計的手法 …… 212
当座預金 …… 71
投資有価証券 …… 72
土地 …… 72

【な行】

な 内容証明郵便 …… 13
に 任意積立金 …… 74
の 納税申告書 …… 70, 84
のれん …… 72

【は行】

は 配賦 …… 243
発送運賃 …… 74
販売促進費 …… 74
販売手数料 …… 74
販売費 …… 28

ひ　引当金……202
費目別精査法……116, 210
比率按分法……211
ふ　複式簿記……195
複数仕訳帳制……205
福利厚生費……75
普通預金……71
プロジェクト損益計算書……186
プロフィットセンター……243
分析的手続……222
へ　変動製造原価……28
変動費……16, 30, 83, 207
ほ　法人事業概況説明書……71, 85
法人税……156
法定福利費……75
保管料……74
保険料……75
補助記入帳……200
補助簿……196, 199
補助元帳……199
本社共通費……253

【ま行】

ま　前受金……73
前受収益……73
前払費用……72
前渡金……72
み　未収収益……72
未収入金……72
みなし法……211
未払金……73
未払費用……73
未払法人税等……73
も　網羅性……221

【や行】

や　役員賞与……74
役員退職慰労金……74
役員報酬……74
ゆ　有価証券……72
有価証券売却損益……76
有価証券報告書……87
よ　要素別分解法……211

【ら行】

り　リース債務……73
利益準備金……74
利益剰余金……74
リスク・アプローチ……222
立証責任……58
旅費交通費……75
れ　連結財務諸表……193
ろ　労務費……116

《著者紹介》

横張（よこはり）　清威（きよたけ）（弁護士・公認会計士）

平成13年司法試験合格。平成24年公認会計士試験合格。令和3年弁護士法人トライデント共同設立。令和5年司法試験予備試験考査委員（民事訴訟法）。M&A・会社法・金融商品取引法・労働問題を専門とし、多数の上場企業・ベンチャー企業に法務・財務に関するサービスを提供している。著書に『ストーリーでわかる初めてのM&A　会社、法務、財務はどう動くか』（日本加除出版）などがある。

伊勢田篤史（いせだあつし）（弁護士・公認会計士）

・となりの法律事務所パートナー
・日本デジタル終活協会代表理事
契約書、労働問題、企業間訴訟、M&A（財務法務一括デューデリジェンス等）、社外役員、会計法律顧問といった企業法務を主に取り扱う。また、終活弁護士として相続問題の紛争予防対策に力を入れている。
著書（共著）として『契約審査のベストプラクティス　ビジネス・リスクに備える契約類型別の勘所』（レクシスネクシス・ジャパン）、『公正証書遺言セミナー&作成キット』（レガシィ）、『応用自在！　覚書・合意書作成のテクニック』（日本法令）、『デジタル遺品の探しかた・しまいかた、残しかた＋隠しかた』（日本加除出版）など多数。

参考文献

岡本清『原価計算　六訂版』(国元書房)
櫻井通晴『原価計算』(同文舘出版)
櫻井通晴『管理会計　第六版』(同文舘出版)
窪田千貫『限界利益分析による価格決定戦略』(同友館)
鳥羽至英ほか『財務諸表監査』(国元書房)
盛田良久ほか編著『監査論　第4版』(中央経済社)
上埜進ほか『原価計算の基礎　理論と計算　第2版』(税務経理協会)
西澤脩『原価・管理会計論』(中央経済社)
南成人ほか『財務諸表監査の実務　第2版』(中央経済社)
有限責任監査法人トーマツ編『勘定科目ハンドブック　第4版』(中央経済社)
滝澤ななみ『キチンとわかる！　決算書』(TAC出版)
阿部健夫『図解による簿記・会計・税務・財務のしくみ』(自由国民社)
市川利夫『決算実務のすべてがわかる本』(中経出版)
新井清光・川村義則『新版　現代会計学』(中央経済社)
八ッ尾順一・村山周平『法律を学ぶ人の会計学の基礎知識』(清文社)
川本淳ほか『はじめて出会う会計学』(有斐閣)
大渕哲也ほか編『専門訴訟講座⑥特許訴訟　上下巻』(民事法研究会)

ストーリーでわかる　営業損害算定の実務
新人弁護士、会計数値に挑む

2016年 11 月 11 日　初版発行
2023年 8 月 22 日　初版第 4 刷発行

著　者　横張清威
　　　　伊勢田篤史

発行者　和田　裕

発行所　日本加除出版株式会社
本　社　〒171－8516
東京都豊島区南長崎 3 丁目 16 番 6 号

組版　㈱アイワード　　印刷・製本（POD）　京葉流通倉庫㈱

定価はカバー等に表示してあります。
落丁本・乱丁本は当社にてお取替えいたします。
お問合せの他、ご意見・感想等がございましたら、下記までお知らせください。

〒 171-8516
東京都豊島区南長崎 3 丁目 16 番 6 号
日本加除出版株式会社　営業企画課
電話　03-3953-5642
FAX　03-3953-2061
e-mail　toiawase@kajo.co.jp
URL　www.kajo.co.jp

ISBN978-4-8178-4346-3